CW00746584

А.Л. Кузнецов
М.Н. Кожевникова
И.И. Дмитрова
О.С. Перелюбская

ИЗ ИСТОРИИ РУССКОЙ КУЛЬТУРЫ

**Учебное пособие для иностранцев,
изучающих русский язык**

2-е издание, переработанное

Рекомендовано Координационным
советом центров довузовской подготовки
иностранных граждан Федерального
агентства по образованию Российской
Федерации в качестве учебного пособия
для студентов-иностранцев (гуманитарный
профиль)

РУССКИЙ ЯЗЫК
КУРСЫ

Москва
2009

УДК 808.2 (075.8)-054.6
ББК 81.2 Рус-923
И32

В книге использованы рисунки художника Ю.Н. Богачёва

И32   **Кузнецов, А.Л.**
      Из истории русской культуры: учебное пособие для иностранных граждан, изучающих русский язык / А.Л. Кузнецов, М.Н. Кожевникова, И.И. Дмитрова, О.С. Перелюбская. — 2-е изд., перераб. — М.: Рус. яз. Курсы, 2009. — 112 с.

ISBN 978-5-88337-099-0

Задача пособия — познакомить иностранных студентов с некоторыми аспектами русской культуры со времён Древней Руси до наших дней (национальные традиции, архитектура, живопись, музыка, театр, кино) и вызвать интерес к её дальнейшему, более глубокому изучению. При организации учебного материала авторы использовали два основных принципа: историко-хронологический и содержательно-тематический.

Пособие состоит из вводного раздела, 14 основных разделов и заключения. Каждый раздел содержит несколько текстов, связанных по содержанию, а также предтекстовые и послетекстовые задания, относящиеся ко всему разделу.

Пособие предназначено в первую очередь будущим гуманитариям, его тексты ориентированы на I сертификационный уровень общего владения русским языком.

Оглавление

Предисловие..5

Вводный раздел..7

    Что такое культура...8

    Формирование русской культуры..................8

    Переломные моменты развития русской культуры
    в XVIII — XX веках...10

Раздел 1. Праздники..12

    Зимние праздники...13

    Весенние и летние праздники.......................15

    Современные праздники.................................17

Раздел 2. Дом и семья..20

    Города и сёла Древней Руси..........................21

    Русский дом..22

    Традиционная семья.......................................23

Раздел 3. Русский стол...26

    Традиции русской кухни................................27

    Культура застолья..29

Раздел 4. Декоративно-прикладное искусство.......32

    Русские народные промыслы.......................33

    Традиционные занятия русских женщин...........36

Раздел 5. Византийские традиции в древнерусском искусстве........39

    Русский православный храм.........................40

    Памятники древнерусского каменного зодчества.........42

    Русская икона..44

Раздел 6. «Золотое кольцо России».................47

    «Золотое кольцо России»..............................48

    Московский Кремль.......................................50

Раздел 7. XVIII век в истории русской культуры.......53

    Образование и наука......................................54

    Живопись и русские портретисты................55

    Архитектура..57

Раздел 8. Культурная жизнь России в XIX веке 62

Литература и изобразительное искусство 63

Русское купечество и меценатство 65

Музыка 67

Раздел 9. Основные тенденции развития русской культуры в XX веке 71

Русская культура в первой половине XX века 72

Русская культура в середине и во второй половине XX века 73

Культура русского зарубежья 75

Раздел 10. Изобразительное искусство XX века 78

Русская живопись Серебряного века 79

Русский авангард 1910-х гг. 81

Изобразительное искусство в середине и во второй половине XX века 82

Раздел 11. Архитектура и скульптура XX века 85

Архитектурные стили и направления 86

Монументальная скульптура 89

Раздел 12. Музыкальное искусство XX века 91

Классическая музыка 92

Балет 93

Массовая музыкальная культура 95

Раздел 13. Театр и кино в XX веке 98

Театральное искусство 99

Киноискусство 101

Раздел 14. Русские писатели XX века — лауреаты Нобелевской премии 106

Заключение 111

Предисловие

Настоящее пособие предназначено учащимся, владеющим русским языком в объёме I сертификационного уровня, и отражает опыт обучения иностранных студентов в центрах довузовской подготовки, в первую очередь на подготовительном факультете Московского автомобильно-дорожного института (государственного технического университета). В учебные планы по подготовке студентов гуманитарного профиля (филологов, историков, юристов, социологов и т. п.) наряду с изучением русского языка включены другие дисциплины: русская литература и культура, история, география, экономика России.

Авторы пособия видели свою задачу в том, чтобы познакомить иностранных студентов с некоторыми аспектами русской культуры и вызвать интерес к её дальнейшему более глубокому изучению (в рамках вузовской программы или самостоятельно). При этом учитывалось, что основной контингент подготовительных факультетов в настоящее время — это студенты из стран Азии и Африки (в первую очередь из Китая, Вьетнама, Монголии и др.), а не из европейских стран. Большинство студентов, приезжающих в нашу страну, почти не знакомы с русской культурой, а их общеобразовательная и языковая подготовка не позволяет преподавать им фундаментальные курсы, включая курс «Культурология», в сколько-нибудь полном объёме.

Исходя из объективных учебных возможностей студентов и учитывая, что ни на одном из подготовительных факультетов на дисциплину «Из истории русской культуры» не выделяется более 80 аудиторных часов, авторы были вынуждены существенно сузить круг рассматриваемых при изучении истории культуры проблем и не вдаваться во всесторонний анализ тех тем, которые включены в пособие.

Для первого года изучения русского языка были отобраны темы, связанные с национальными традициями (дом, семья, кухня, праздники и т. п.) и некоторыми аспектами русской культуры со времён Древней Руси до наших дней: архитектура, живопись, музыка, театр, кино. Сведения о литературе даны в пособии в очень небольшом объёме, поскольку русская литература изучается на подготовительном факультете в рамках отдельного курса. При организации учебного материала использовался как историко-хронологический, так и содержательно-тематический принцип.

Пособие состоит из вводного раздела, 14 основных разделов и заключения. Каждый раздел содержит несколько текстов, связанных по содержанию, а также предтекстовые и послетекстовые задания, относящиеся не к отдельным текстам, а ко всему разделу.

Цель предтекстовых заданий — подготовить студента к работе с текстами. Задания первой группы предполагают самостоятельную работу учащихся со словарём. Сюда включена лексика, незнание которой значительно затруднит понимание текстов. Выполняя задания второй группы, учащийся должен догадаться о значении новых слов через словообразование (даются производные от одного корня и сложносоставные слова), а также путём синонимического толкования. Эти задания требуют обязательной помощи преподавателя. Такая форма подачи лексики даёт возможность расширять потенциальный словарь учащихся, развивать языковую догадку. Изучение родственных слов позволяет выработать навыки распознавания значений наиболее употребительных приставок и суффиксов.

После каждой темы даются послетекстовые вопросы и задания. Цель вопросов не только выяснить, насколько хорошо учащийся понял содержание текстов, но и пригласить его к обсуждению различных культурологических проблем, сравнению культур разных стран. Задания требуют точных ответов по содержанию текстов. Они построены таким образом, чтобы ещё раз вернуть учащегося к прочитанному материалу, и могут использоваться для закрепления навыков просмотрового чтения.

Ознакомление с текстами (это может быть как чтение, так и прослушивание) преследует две цели: первая (и основная) — знакомство с новым предметом, вторая — совершенствование языковых навыков. Таким образом, в процессе обучения оказывается задействованным как лингвокультурологический аспект, так и собственно лингвистический. При составлении текстов авторы стремились не перегружать их специфическими терминами и архаизмами, отдавая предпочтение той лексике, которая могла бы пополнить активный лексический запас учащихся.

Изучение пособия целесообразно дополнить посещением музеев и художественных выставок, просмотром видеофильмов, прослушиванием аудиоматериалов.

Наряду с центрами довузовской подготовки иностранных граждан в России пособие в полном или фрагментарном виде можно использовать на различных курсах русского языка как иностранного.

Авторы пособия выражают признательность коллективу кафедры русского языка для иностранных граждан МАДИ (ГТУ) за помощь в приведении текстов в соответствие с языковой компетенцией иностранных студентов.

Вводный раздел

Предтекстовые задания

1. Найдите в словаре значение новых слов.

Сумма, материальный, духовный, творчество, произведение, быт, религия, проникать, период, роль; перекрёсток, князь, кочевой, язычник, жертва, обряд, переломный, православие, заповедь, монах, жанр, святой, икона, храм, вред, иго, хан, задержать, отразиться; реформа, сословие, портрет, перенимать, император, крепостное право, событие, обращаться, личность, направление, деятель.

2. Постарайтесь понять значение новых слов и выражений.

а) общий → общество, общественный
древний + Русь → древнерусский
Христос → христианство
состав → составлять
бог → божество, обожествлять
верить → верующий, верование
единый → объединять, объединение

писать → письменность
печатать → печатный
крепкий → укреплять, укрепление
свобода → освободить, освобождение

б) элемент = компонент = часть
создавать = делать
племя = народ
население = люди, живущие в определённом месте
совершенствовать = делать лучше

черта = особенность
шедевр = лучшее произведение
светский = нецерковный, нерелигиозный
осознавать = понимать

7

Что такое культура

Слово «культура» имеет много значений. Если дать самое короткое определение, то **культура** — это сумма материальных и духовных ценностей. Культуру часто делят на материальную и духовную. Это деление условное, потому что материальная и духовная стороны культуры тесно связаны между собой. Материальные предметы, созданные человеком, являются результатом творчества, то есть содержат духовный элемент. С другой стороны, произведения духовной культуры почти всегда имеют материальную основу — книги, картины, здания.

Развитие культуры тесно связано с историей страны. Основными областями культуры являются образование, наука, быт, общественная мысль, литература, искусство. Другие важные компоненты культуры — язык и религия. Можно говорить о культуре отдельного человека, культуре общества, культуре целого народа. Культура имеет различные формы: народные праздники, традиции, правила поведения, система духовных ценностей. Культура развивается вместе с историей народа: одни традиции сохраняются, другие уходят в прошлое, а вместо них появляются новые. Элементы одной национальной культуры проникают в другую — происходит культурный обмен. В нашей книге рассказывается о культуре России: как она возникла, как изменялась в разные периоды времени, какую роль играла в жизни российского общества.

Формирование русской культуры

Когда мы говорим о русской культуре, мы рассматриваем период истории от Киевской Руси до настоящего времени.

Древнерусское государство — Киевская Русь (IX в.) — было одним из самых больших в Европе. Оно протянулось от Северного Ледовитого океана на севере до Чёрного моря на юге, от Балтийского моря на западе до Волги на востоке. Русь лежала на перекрёстке между Скандинавией и Византией, Западной Европой и Востоком. Такое расположение оказало сильное влияние на русскую культуру. Первые русские князья пришли из Скандинавии. От Византии Русь приняла христианство. С востока на Русь часто нападали кочевые племена — хазары, печенеги, половцы.

Бо́льшую часть населения Киевской Руси составляли восточные славяне. Они были язычниками, то есть обожествляли различные силы природы — солнце, землю, ветер, воду. В **язычестве** было больше двухсот разных богов: бог войны, бог веселья, боги времён года и др. Люди приносили им жертвы и просили о помощи и защите. Языческие верования славян сохранились в фольклоре (песнях, сказках, пословицах), народных праздниках и обрядах.

В. Васнецов.
Крещение Руси

Но религия — это не только вера в богов и исполнение различных обрядов. Религия — это система духовных ценностей, она определяет все стороны жизни человека: отношения в семье, поведение в обществе, даже питание.

В 988 г. князь Владимир сделал **христианство** государственной религией. Это стало переломным моментом в русской истории и культуре. Русь приняла восточный вариант христианства — православие. Православие воспитывало нового человека. Изменялся не только образ жизни, но и сознание людей. Языческие правила касались внешней стороны жизни, а христианские заповеди обращались к душе человека. Христианство учило любить всех, даже своих врагов, всегда прощать друг друга. Православная церковь учила человека духовному совершенствованию.

С принятием христианства церковь стала центром общественной жизни. Православие стало основой для объединения всех народов, которые жили в Древней Руси. Благодаря церкви появилась славянская письменность: в конце IX в. византийские монахи Кирилл и Мефодий создали первый славянский алфавит, чтобы перевести с греческого языка главную христианскую книгу — Библию.

Огромную роль в развитии письменности играли **монастыри**. Они начали создаваться в XI в. Монастыри стали центрами духовной жизни. В монастырях создавались и хранились **летописи** — древние исторические документы. Летописи были одновременно и литературными, и историческими произведениями: рассказ в летописи вели по годам. Позже в монастырях появились произведения других литературных жанров — жития (рассказы о жизни) святых, религиозно-философские сочинения. Эти произведения стали основой печатной литературы: во второй половине XVI в. Иван Фёдоров напечатал в Москве первые книги, которые имели религиозное содержание.

Искусство Древней Руси также было связано с церковью. Древнерусские иконы и храмы являются шедеврами мирового искусства.

Наконец, в течение многих веков, начиная с Киевской Руси, православная церковь помогала укреплению национального государства, его борьбе с внешними врагами.

В 1230-х гг. на Русь напал монгольский хан Батый. Он основал рядом с границами Руси сильное государство — Золотую Орду. Начались долгие годы **ордынского (монгольского) ига**. Иго нанесло огромный вред русской культуре, почти на 250 лет задержало экономическое и политическое развитие Руси. Только северо-западные земли (Новгород, Псков), куда монголы не дошли, смогли лучше сохранить русские культурные традиции. Главной задачей для всех русских земель стало освобождение от ига, объединение против общего врага. Идея объединения отразилась в первом русском литературном произведении — «Слове о полку Игореве» (конец XII в.) — и позже стала основой всего культурного процесса XIV—XV вв. Полное освобождение от ордынского ига произошло только в 1480 г.

Переломные моменты развития русской культуры в XVIII — XX веках

Большое значение для развития русской культуры имели **реформы Петра I** (начало XVIII в.). Они изменили многие стороны российской жизни: управление государством, экономику, армию, даже быт. Реформы Петра I сделали Россию сильным европейским государством, помогли развитию науки и образования. При Петре I начали открывать школы для детей из разных сословий, приглашать в страну иностранных специалистов, отправлять русских на учёбу за рубеж. Реформы Петра I были продолжены в XVIII в. Елизаветой и Екатериной II. В этот период связь между культурой и церковью становится слабее, происходит разделение культуры на религиозную и светскую. Появляется светское искусство: живопись (портреты, исторические картины), театр, музыка. Россия активно перенимает культурные достижения Западной Европы.

В 1861 г. при императоре Александре II произошла **отмена крепостного права**. Это событие сильно изменило жизнь российского общества. В сознании русских людей происходят важные перемены. Особенно остро осознаётся идея освобождения человеческой личности. Литература и искусство обращаются к жизни простых людей. Русская культура становится частью европейской.

Первая мировая война (1914—1918 гг.) и **Октябрьская революция** (1917 г.) привели к установлению нового политического порядка. В культуре также произошло много изменений. Отношения советской власти с культурой были непростыми. С одной стороны, появились новые направления в литературе и искусстве. А с другой — многие деятели культуры уехали из страны, потому что не приняли новую политику государства. В разделах, где рассказывается о культуре XX в., вы сможете больше узнать об этом периоде.

Вопросы и задания к текстам

1. Ответьте на вопросы.

1) Что такое культура? Назовите основные области культуры.

2) Какая связь существует между материальной и духовной сторонами культуры?

3) Что такое язычество? Какие области русской культуры сохранили элементы язычества?

4) Какую роль играла православная церковь в развитии русской культуры?

5) Что такое летопись? Где создавались летописи?

6) Почему северо-западные земли смогли лучше сохранить древнерусскую культуру?

7) Какие моменты в истории русской культуры можно назвать переломными и почему?

2. Вспомните, как события русской истории повлияли на развитие культуры. Соедините части предложений.

Ордынское иго...

Православная церковь...

Отмена крепостного права...

Реформы Петра I...

Первая мировая война и Октябрьская революция...

...сделали Россию сильным европейским государством.

...привела к появлению в искусстве и литературе нового персонажа — простого человека.

...на долгое время задержало развитие русской культуры.

...заставили многих деятелей культуры уехать из России.

...помогла развитию русской письменности.

Раздел 1
Праздники

Предтекстовые задания

1. Найдите в словаре значение новых слов.

Характер, отражение, календарь, урожай, благополучие, отмечать, указ, звон, колокол, пушка, ёлка, крещение, признавать, угощение, устраивать, чучело, сжигать, пост; воскреснуть, пожар, символ, берёза, лента, явление, костёр, чудо (чудеса), папоротник; персонаж, прообраз, посох, мешок, куранты, салют, парад, могила.

2. Постарайтесь понять значение новых слов и выражений.

а) праздник → праздничный;
   праздновать → празднование
поле → полевой
Библия → библейский
святой → освятить, Святки,
   пресвятой
гадать → гадание
наряд → нарядный;
   наряжать → ряженый

масло → Масленица →
   масленичный
весёлый → веселиться
чистый → очищение
верить → верующий
краска → красить → крашеный
купать(ся) → купание,
   Иван Купала
красивый → украшать

б) земля + делать → земледелец
первый + класс → первоклассник
железная + дорога → железнодорожник

в) в глубокой древности = очень давно
заимствовать = перенимать, брать
блюдо = еда, пища
обычай = традиция

роща = небольшой лес
почитать = уважать
молчание = тишина

Тексты

Зимние праздники

В каждой стране есть свои праздники. Одни существуют очень давно, другие появились недавно. Праздники могут много рассказать о характере народа. Праздники — не просто время отдыха и веселья, это отражение культурных традиций страны.

Праздничный календарь русского народа много раз менялся. Самые большие изменения происходили в переломные моменты русской истории: после принятия христианства, в период реформ Петра I и после Октябрьской революции.

Первые праздники народного календаря появились в глубокой древности. Большинство древних восточных славян были земледельцами, поэтому их праздники были связаны с календарём полевых работ. Во время праздника люди совершали различные обряды, которые должны были принести хороший урожай, здоровье и благополучие в семье. Древние славяне были язычниками, поэтому самые первые праздники были **языческими**.

В конце X в. Древняя Русь приняла христианство. Появились новые праздники — **церковные**, или **христианские**. Они были связаны с главными событиями библейской истории, христианскими святыми и иконами. Если языческие праздники отражали земную сторону жизни, то христианские праздники — духовную.

Реформы царя Петра I сильно изменили русское общество: в русскую культуру начали активно проникать европейские традиции. До 1492 г. **Новый год** в России начинался 1 марта. Потом более 200 лет он отмечался 1 сентября — по церковному календарю. В декабре 1699 г. Пётр I издал указ считать 1 января началом Нового года в России, как было принято в европейских странах. Праздничные традиции были во многом заимствованы у голландцев и немцев. По указу царя Новый год стали встречать звоном колоколов и выстрелами из пушек, а в домах и на улицах наряжать ёлки.

Сейчас Новый год — главный зимний праздник. А до начала XX в. главным зимним праздником было **Рождество**. Это христианский праздник, который отмечался в ночь с 24 на 25 декабря. В этот день, по преданию, родился Иисус Христос. Считалось, что в рождественскую ночь происходят необычные, чудесные явления. После Рождества начинались **Святки** — праздничные дни, которые заканчивались 6 января, на **Крещение**.

Сейчас Рождество в России отмечают 7 января, а Крещение — 19 января. Дело в том, что до 1918 г. в России действовал календарь, который отличался от современного на 13 суток. Реформа 1918 г. изменила календарь, но Русская православная церковь не признала эту реформу и продолжает жить по старому календарю, или по «старому стилю». Поэтому сейчас весь мир отмечает Рождество 25 декабря, а Россия — 7 января.

Рождество и Святки — самые шумные и весёлые зимние праздники. Особенно любили это время молодёжь и дети.

Ряженые

Девушки **гадали**, чтобы узнать, что их ждёт в будущем. Каждая хотела знать, кто её суженый (будущий муж). Гадали по-разному: например, девушка снимала с ноги башмачок и бросала его. Куда покажет носок башмачка — там и живёт суженый. Если он покажет на дом самой девушки, значит, она в течение года не выйдет замуж. Другой способ гадания — подслушивать под окнами чужого дома. Если девушка слышала весёлый разговор, значит, семейная жизнь будет лёгкой и приятной, а муж — добрым и ласковым.

На Святки молодёжь и дети любили **колядовать**. Они ходили от дома к дому и пели рождественские песни — колядки. В этих песнях они желали хозяину дома и его семье богатства и счастья. Хозяин давал ребятам угощение — пирожки, орехи, яблоки.

По улицам в дни Святок гуляли **ряженые**. Девушки и юноши наряжались в весёлые или страшные костюмы, например костюмы животных. Иногда ряженые устраивали настоящие представления. Эта традиция сохранилась с языческих времён.

Другой праздник, имеющий языческую историю, — **Масленица**. На Масленой неделе провожали зиму и встречали весну. Масленицу отмечали в последнюю неделю перед Великим постом.

Масленица

Название праздника происходит от слова «масло», потому что главным праздничным блюдом были блины, которые ели с маслом. Блины пекли всю неделю, и всю неделю люди не только вкусно ели, но и веселились. Поэтому появилась поговорка «Не жизнь, а Масленица!».

В первый день праздника торжественно встречали Масленицу. Для этого из соломы делали огромное чучело Зимы, которое возили по улицам, а потом ставили на большой площади. В последний день Масленицы это чучело сжигали, чтобы зима быстрее уходила.

В первый день Масленицы устраивали **кулачный бой**: мужчины делились на две команды и шли «стенка на стенку» (то есть одна команда против другой). Существовали строгие правила кулачного боя: нельзя было использовать оружие, бить лежащего, преследовать того, кто убегает. Кулачные бои существовали на Руси до начала XX в.

В последний день Масленицы было принято просить друг у друга прощения, поэтому этот день назывался **Прощёное воскресенье**. Праздник заканчивался, и в понедельник начинался Великий пост — время очищения души и тела. Во время поста верующие не должны есть мясо, яйца, молочные продукты. Отсюда произошла пословица «Не всё коту Масленица, бывает и Великий пост!».

Весенние и летние праздники

Пасхальный стол

Главный весенний христианский праздник — **Пасха**. По-другому его называют Светлое воскресенье. В этот день верующие празднуют чудесное воскресение Иисуса Христа. По старому обычаю люди приветствуют друг друга словами «Христос воскрес!». Им отвечают: «Воистину воскрес!» После этого люди трижды целуют друг друга.

Пасха — это светлый и радостный праздник, воскресение Христа символизирует победу жизни над смертью. С давних времён символом жизни является яйцо, поэтому на Пасху принято дарить друг другу крашеные яйца.

На Пасху заканчивается Великий пост, и хозяйки готовят специальные праздничные блюда. Самое известное — куличи, которые пекут из особого теста. Накануне Пасхи куличи и крашеные яйца приносят в церковь и святят их.

Другие известные весенне-летние праздники — Троицын день и День Ивана Купалы.

День Пресвятой Троицы отмечали в воскресенье, на пятидесятый день после Пасхи. Хотя этот праздник церковный, многие традиции, связанные

Икона
«Новозаветная Троица»

с ним, сохранились со времён язычества. Троицу люди связывали с живой природой. Дома и храмы украшали живыми цветами, ветками деревьев. На Троицу люди собирали полевые цветы, освящали их в храме, сушили и хранили за иконами: считалось, что эти травы могут спасти дом от пожара.

Символом праздника была берёза, — это дерево на Руси особенно любили. Нарядно одетые девушки шли в берёзовую рощу, находили красивую молодую берёзку, украшали её лентами и цветами. Вокруг этого дерева водили **хоровод** и пели песни. Хоровод — это особое явление русской народной культуры, которое сочетает танец, пение и игру. Участники хоровода — обычно девушки — брались за руки и медленно, с песнями ходили по кругу.

24 июня, в самый длинный день в году, отмечали праздник Ивана Купалы. Этот праздник в древности был у многих народов Европы.

День Ивана Купалы — языческий праздник, посвящённый главным природным стихиям — воде и огню. Считалось, что огонь и вода очищают человека, поэтому на Купалу разжигали костры и устраивали купание. От слова «купать» и произошло название праздника. Обычно с этого дня вода в реках и озёрах считалась достаточно тёплой для купания.

Вечером на Ивана Купалу крестьяне надевали чистые белые рубахи и шли за деревню разводить костры. Девушки и юноши прыгали через огонь, держась за руки: если они не разомкнут руки, то скоро поженятся. Заканчивался праздник ночным купанием.

Девушки в этот день гадали: они бросали в воду венок и смотрели, как он поплывёт. Если прямо — то девушку ждёт скорая свадьба, если кругами — то свадьбы не будет. Самая плохая примета — если венок утонет.

Люди считали, что в ночь на Ивана Купалу происходят разные чудеса. Например, травы, которые люди собирали в лесу, имели волшебную силу. Только в эту ночь можно было увидеть цветок папоротника. Тот, кто найдёт его, научится понимать язык животных и птиц. Эта легенда легла в основу повести Н.В. Гоголя «Вечер накануне Ивана Купалы».

Хоровод

Православная церковь была против этого праздника, так как считала его языческим. Возможно, именно поэтому в XIX в. праздник Ивана Купалы почти исчез на Руси.

Современные праздники

После Октябрьской революции 1917 г. церковь была отделена от государства, а церковные праздники перестали быть государственными. Сейчас один из главных христианских праздников — Рождество Христово — не имеет статуса государственного праздника, хотя и является выходным днём.

Новогодняя ёлка

Сегодня в России семь **государственных праздников**. Самый опулярный и любимый — **Новый год**. Его отмечают в ночь с 31 декабря на 1 января. С этим праздником связано много традиций. Главный его символ — новогодняя ёлка. Ёлку украшают разными игрушками, а под неё кладут подарки. Любимые праздничные персонажи — **Дед Мороз** и его внучка **Снегурочка**. Русский Дед Мороз похож на западного Санта-Клауса, его прообразом также является святой Николай, один из самых почитаемых на Руси святых. У Деда Мороза длинная белая борода, в одной руке он держит посох, а в другой — мешок с подарками для детей. Появляются и новые новогодние традиции. Например, в последние минуты старого года российский президент поздравляет по телевидению всех жителей России. После двенадцатого удара кремлёвских курантов наступает Новый год.

Парад Победы

9 мая вся страна празднует **День Победы** в Великой Отечественной войне (1941—1945 гг.). В этом празднике соединились радость победителей и слёзы о погибших. В 1945 г. победа над фашистской Германией отмечалась дважды: 9 мая в Москве был праздничный салют, а 24 июня на Красной площади прошёл торжественный Парад Победы. Теперь военный парад на Красной площади и вечерний салют стали традиционными. Существуют и другие традиции. Участники войны встречаются со своими боевыми

друзьями. В этот день люди приносят цветы к памятникам и могилам солдат, погибших в годы Великой Отечественной войны. А в 19 часов наступает Мину́та молчания в память о погибших в этой войне. Завершает праздник ве́черний салют.

23 февраля — **День защитника Отечества** — считается мужским праздником. Этот праздник отмечают все, кто служил в армии. В этот день женщины поздравляют мужчин, а девочки в школах поздравляют мальчиков — будущих защитников Отечества.

8 марта — **Международный женский день**. Это первый весенний праздник, праздник женщины. Мужчины поздравляют женщин и на работе и дома, дарят им цветы и подарки.

Другие государственные праздники современного российского календаря — День России (12 июня), День народного единства (4 ноября), Праздник весны и труда (1 мая).

Среди негосударственных праздников в России популярен **Татьянин день** (день святой Татьяны) — 25 января. В этот день в 1755 г. императрица Елизавета подписала указ об открытии в Москве университета. Поэтому Татьянин день отмечается как День студентов.

1 сентября отмечается в России как **День знаний**. В этот день начинаются занятия во всех школах и вузах страны. Особенно торжественно встречают этот день первоклассники — они в первый раз идут в школу. Нарядно одетые школьники несут своим учителям букеты цветов.

В России у многих профессий есть свои праздничные дни. Свой **профессиональный праздник** отмечают врачи и учителя, милиционеры и шахтёры, железнодорожники и геологи. Особенно популярным стал День учителя, который отмечается 5 октября. Учитель — одна из самых важных профессий на земле. Учёный, космонавт, актёр, писатель — у каждого были свои первые учителя. И каждый в День учителя с благодарностью вспоминает их и поздравляет с праздником.

Свои праздники есть и у городов. Эта традиция появилась недавно. В Москве **День города** отмечается в первое воскресенье сентября. На улицах и площадях столицы устраиваются концерты, красивые представления, спортивные соревнования. Москвичи и гости города отдыхают в парках, гуляют по нарядно украшенным улицам столицы.

Вопросы и задания к текстам

1. Ответьте на вопросы.

1) Какой зимний праздник считается главным сейчас, а какой был раньше?
2) О каких христианских праздниках вы узнали из текстов?
3) Для чего девушки гадали? Как они это делали? А у вас в стране существует традиция праздничных гаданий?

4) Почему праздник называется «Масленица»? Какие праздники в вашей стране связаны с временами года?

5) Что означает выражение «идти стенка на стенку»? Почему говорят: «Не всё коту Масленица»?

6) Какое дерево было символом Троицы? А символом Нового года?

7) Как отмечается Новый год в наше время в России и у вас на родине?

8) Какие государственные праздники существуют в современной России?

9) Что такое профессиональные праздники? Есть ли похожие праздники у вас в стране?

2. **Проверьте, как вы запомнили старинные русские обряды. Заполните таблицу правильно.**

Обряд	Что было принято делать	Праздник
Хоровод	Девушки хотели узнать, кто их будущий жених: подслушивали под окнами, бросали башмачок, пускали по воде венки.	Масленица
Кулачный бой	Дети ходили от дома к дому и пели песни, в которых желали счастья и удачи. За это они получали угощение.	Рождество
Колядование	Молодёжь надевала весёлые костюмы и устраивала представления.	Троицын день
Игры ряженых	Мужчины объединялись в команды, чтобы показать свою силу.	День Ивана Купалы
Гадание	Девушки и юноши ходили по кругу, взявшись за руки, и пели песни.	Святки

Раздел 2
Дом и семья

Предтекстовые задания

1. Найдите в словаре значение новых слов.

Селиться, крестьянин (крестьяне), принадлежать, ремесло, феодальный, кузнец, мастерская, вал, ров; знатный, печь, веник, гриб, ягода, сундук, приданое, горшок, глина, пригорать/пригореть, ковш, вырезать, резьба, роспись, сосуд, нагревать(ся), уголь (угли); осуждение, тесный, обида, супруг, брак, ограничение, венчание.

2. Постарайтесь понять значение новых слов и выражений.

а) селиться → поселение
   хозяин → хозяйство, хозяйственный
   строить → постройка
   ремесло → ремесленник
   кузнец → кузнечный
   укреплять → укрепление

земля → земляной
торговать → торговля, торговый
крест → крестить(ся), крёстный, крещение; крестьянин
почитать → почтение, почётный
уважать → уважительный
работать → работница

б) мыть + рука = рукомойник
   равный + мера = равномерно
   пить + чай = чаепитие

за + стол = застолье
много + число = многочисленный

в) климат = погодные условия
   путь = дорога
   в старину = раньше, в старые времена
   править = исправлять
   упоминать = называть

миска = глубокая тарелка
играть главную роль = быть главным
вступать/вступить в брак = жениться или выйти замуж
в одиночку = самостоятельно, без чужой помощи

Города и сёла Древней Руси

Жизнь древних славян была тяжёлой: холодный климат, частые нападения соседних племён. Чтобы вырастить урожай и защититься от врагов, люди старались селиться ближе друг к другу. Так появились первые поселения. В Древней Руси было несколько основных видов поселений: деревня, село, слобода, город.

Крестьяне жили в деревнях и сёлах. **Деревня** состояла из нескольких крестьянских дворов, хозяйственных построек и всей земли, которая принадлежала крестьянским семьям. Это были небольшие поселения: деревни из 10 дворов даже в XV в. встречались редко.

Село обычно было больше деревни. Село отличалось от деревни прежде всего тем, что там была церковь. Поэтому село становилось религиозным, административным и хозяйственным центром для соседних деревень.

Слобода — большое село рядом с городом или район города, где жили люди, занимавшиеся определённым ремеслом. Название «слобода» происходит от слова «свобода», потому что ремесленники, жившие там, на некоторое время освобождались от феодальных работ. В Москве в XVII в. было около 150 слобод. Многие московские улицы сохранили их названия: на Пушечной делали пушки, на Мясницкой

Русское село

продавали мясо, на Поварской жили повара, на Кузнецком мосту были кузнечные мастерские.

Первые города на Руси появились более тысячи лет назад. Слово **город** происходит от глагола «огородить», то есть «защитить». Каждый древний город имел деревянные или каменные укрепления, которые защищали его от врагов: высокие стены и башни, земляной вал и ров. Кроме того, город был центром торговли, здесь находилась рыночная площадь. Многие русские города стояли на берегу рек — реки связывали города друг с другом, были торговыми и военными путями. Самыми большими и сильными городами Древней Руси были Ростов и Новгород на севере, Полоцк и Смоленск — на западе, Киев — на юге.

Сейчас бо́льшая часть населения России живёт в городах. Современные города не похожи на древние, только некоторые районы сохранили исторический вид. Русские деревни и сёла изменились гораздо меньше. Многие дома продолжают строить из дерева по старинным русским традициям.

Русский дом

Русская изба

Русские крестьяне строили дома из дерева. Каменные дома были редкостью даже в городе, только богатые, знатные люди могли построить себе дом из камня. Две главные части русского дома — изба и сени. **Изба** — это комната, где стоит печь. Раньше избой называлась тёплая часть дома. Чтобы холодный воздух с улицы не попадал в дом, перед избой строили **сени**. Сени также соединяли жилую и хозяйственную части дома. Позже избой стали называть весь деревенский дом.

Недалеко от дома, ближе к реке, строили **баню**. С давних времён в бане не только мылись и отдыхали, но и лечились от многих болезней. Горячий пар и берёзовый веник заменяли крестьянину врачей и лекарства. Поэтому в старину говорили: «Баня парит, баня правит!»

Душой крестьянского дома была **печь**. Она давала тепло и использовалась для приготовления пищи. Особая форма позволяла печи долго сохранять тепло. В печи пекли хлеб и пироги, варили щи и кашу, готовили мясо и овощи. Кроме того, в печи сушили грибы, ягоды, рыбу. На печи — самом тёплом месте в доме — обычно спали старики и дети. В печи даже можно было мыться. Обычно печь ставили в углу справа или слева от входа. Рядом с печью висели рукомойник и полотенце. Печь часто упоминается в русских народных сказках, её называют ласково «печка-матушка».

Напротив печи находился **красный угол** — главное место в избе. В красном, то есть красивом, углу стояли иконы. Каждый крестьянин был верующим, само слово «крестьянин» означает «крещёный человек», то есть христианин. Поэтому к иконе относились с особым почтением. Каждый человек, входивший в дом, крестился на иконы. Красный угол считался самым почётным местом, там сидел хозяин дома или дорогие гости.

Мебель в избе была простая: стол, лавки, полки для посуды, сундуки. На широких лавках сидели и спали. **В сундуках** хранили одежду. Чем бога-

Русская печь

че была семья, тем больше у неё было сундуков. Если в семье росла девочка, в сундуке для неё собирали **приданое** — одежду, посуду, украшения. После свадьбы она брала приданое в дом мужа.

На полках вдоль стен стояла посуда, в которой хранили продукты и готовили пищу: горшки, чашки, миски. Посуду делали из глины или из дерева. Горячую пищу хозяйки готовили в глиняных горшках. **Горшок** имел особую форму, благодаря которой тепло, идущее от печи, охватывало его со всех сторон равномерно. Поэтому пища в горшке не пригорала и получалась особенно вкусной.

Деревянную посуду — ложки, миски, ковши — хозяин дома делал сам. Её могли украшать резьбой или росписью. Легче всего было вырезать ложки. Липовые заготовки, из которых их делали, назывались «баклуши». Липа была мягким деревом, поэтому делать баклуши было нетрудно. Отсюда в русском языке появилось выражение «бить баклуши». Бить баклуши — значит бездельничать, ничего не делать.

В XVIII в. в Россию впервые привезли чай. Родилась традиция русского чаепития. В это время появились первые **самовары** — металлические сосуды, в которых вода нагревается с помощью горячих углей. Лучшие самовары делали в городе Туле. Тульские самовары были самыми разными по форме и размерам. С тех пор нельзя представить крестьянский дом без самовара.

Самовар

Традиционная семья

В Древней Руси семья имела большое значение в обществе. Человек, который не хотел создавать семью, вызывал осуждение. Только две причины считались уважительными — болезнь или желание уйти в монастырь.

Крестьянская семья состояла из 15–20 человек. Вместе жили пожилые родители, взрослые сыновья, их дети и внуки. Дочери после свадьбы обычно уходили жить в дом мужа. Тесно было большой семье в крестьянском доме. Возможно, тогда и родилась русская поговорка «В тесноте, да не в обиде». Позднее семья стала меньше — не более 10 человек — обычно родители и дети.

Главой семьи был старший мужчина в доме. Все подчинялись его решениям в вопросах хозяйства, воспитания детей, домашних обязанностей. Во время обеда глава семьи сидел на почётном месте в красном углу избы.

Любовь редко играла главную роль в выборе супруга. Более важным считался хозяйственный интерес. Супругов объединяла работа, хозяйство, дети.

По народной традиции решение о браке принимали не юноша и девушка, а их родители. «Стерпится, слюбится», — считали в старину. Это значило, что терпение и привычка могут заменить любовь.

В брак обычно вступали очень рано: девушки — с 13 лет, юноши — с 15 лет. Нельзя было вступать в брак с родственниками и людьми другой веры. Были также строгие ограничения на количество браков — не более трёх (но не одновременно).

Русская свадьба соединила христианский обряд венчания в церкви и праздничное застолье, на которое приглашали многочисленных родственников и соседей.

Крестьянская семья

Детей рожали столько, сколько Бог даст. Во многих семьях было по 10—12 детей. Рождение детей в семье всегда радость. Но важнее физического появления на свет было духовное рождение — **крещение**. Обычно младенца крестили через 40 дней после рождения и давали ему имя святого, чья память отмечалась церковью в этот день. Человек получал имя, поэтому этот день — **именины**, или день ангела — отмечали каждый год, так же как сейчас отмечается день рождения. У ребёнка появлялись крёстные родители, они должны были заботиться о духовном воспитании ребёнка.

Особенно радовались крестьяне, если рождался мальчик. Объяснялось это просто: на каждого родившегося мальчика семья получала землю — главное богатство крестьянина. (Мужчина считался продолжателем рода.) Кроме того, после свадьбы сын приводил в дом новую работницу, а дочь после свадьбы, наоборот, уходила из дома. Чтобы отдать дочь замуж, ей нужно было приготовить приданое, которое она забирала в дом мужа.

В крестьянской семье на Руси было принято помогать друг другу, уважать и слушаться старших. Работали вместе: в одиночку вырастить и собрать урожай семье было очень трудно. Из поколения в поколение передавались традиции семейных отношений. Многие из них сохранились. Например, и сейчас во многих семьях дедушки и бабушки живут вместе с детьми. Крёстные родители продолжают играть большую роль в жизни ребёнка. А вот детей в современной российской семье стало меньше — обычно один или двое.

Вопросы и задания к текстам

1. Ответьте на вопросы.

1) Какие виды поселений были основными в Древней Руси?

2) Чем село отличалось от деревни?

3) Что такое слобода? Откуда происходит это название? А от какого слова произошло слово «город»?

4) Из какого материала строился традиционный русский дом? Из чего принято строить дома у вас на родине?

5) Какое место в доме было главным и почему?

6) Что означают выражения «бить баклуши», «в тесноте, да не в обиде», «стерпится, слюбится»?

7) Что такое приданое? А в вашей стране есть похожая традиция?

8) Чем именины отличаются от дня рождения? Какой из этих дней был праздником раньше, а какой — теперь?

9) О каких традициях семейных отношений вы узнали из текстов? А какие традиции существуют у вас в стране?

2. Проверьте, как вы запомнили назначение различных частей крестьянского дома. Соедините части предложений.

В бане...	...стояли иконы, здесь сидел хозяин дома.
В печи...	...нагревали воду для чая.
На печи...	...не только мылись, но и лечились.
В красном углу...	...готовили пищу, сушили грибы и ягоды.
В сундуках...	...хранили одежду, собирали приданое для девочки.
В самоваре...	...обычно спали старики и дети.

Раздел 3
Русский стол

Предтекстовые задания

1. Найдите в словаре значение новых слов.

Достаток, мука, лепёшка, тесто, прогонять, пир, мёд, пряность, сытный, крупа, поминки, изюм, чернослив, густой, дрожжи, рецепт, производство, котлета, салат, макароны, репа, горошек, повинность, прокормить, щедрость.

2. Постарайтесь понять значение новых слов и выражений.

а) привет → приветствовать
   пир → пирог
   гнать → прогонять, разгонять, обгонять

вкус → вкусный
сухой → засушивать
готовить → заготовка
пить → напиток

б) хлеб + соль = хлебосольный
   гость + принять = гостеприимный

в) располагаться = находиться
   исключительный = единственный, особенный
   оригинальный = настоящий
   приступить к еде = начать есть

есть досыта = есть, сколько хочешь
пустить по кругу = передавать от одного другому
испортить = сделать хуже

Внимание! В тексте вы встретите существительные — названия различных продуктов. Обратите внимание на прилагательные, образованные от них.

яблоко — яблочный	рожь — ржаной	мясо — мясной	мёд — медовый
вишня — вишнёвый	пшеница — пшеничный	рыба — рыбный	
клюква — клюквенный	гречка — гречишный, гречневый	курица — куриный	
	пшено — пшённый		
	манка — манный		
	рис — рисовый		
	овёс — овсяный		

26

Тексты

Традиции русской кухни

«Хлеб — всему голова», «Плох обед, если хлеба нет», — говорят русские пословицы. Как и у многих народов, **хлеб** на Руси был главным продуктом питания. Но он был не только едой, а ещё и символом достатка, благополучия. Хлебом и солью встречали дорогих гостей, приветствовали жениха и невесту в день свадьбы. В России особенно любили чёрный хлеб, который пекли из ржаной муки. Пшеничный, или белый, хлеб раньше ели только по праздникам. Из пшеницы делали калачи — сладкие булки — или каравай — большой круглый хлеб. Были и другие виды хлеба, которые пекли для особых случаев: на Пасху делали куличи, а на Масленицу — блины.

Хлеб-соль

Блины — тонкие лепёшки из жидкого теста. Это одно из любимых русских блюд. Блины появились ещё во времена язычества, тогда они были символом солнца. Солнце прогоняет холодную зиму, поэтому блины стали главным праздничным блюдом Масленицы. Сейчас их пекут в основном из пшеничной муки, а раньше пекли из гречишной. У каждой хозяйки был свой секрет, как приготовить вкусные блины.

Блины

На праздники в России любят готовить **пироги**. Само слово «пирог» происходит от слова «пир», потому что пироги пекут на праздники. Тесто для пирогов делают из самой лучшей муки, добавляют туда яйца и масло. Внутрь пирога кладут мясо, рыбу, курицу, овощи или грибы. Маленькие пироги называются пирожками. Куриный пирог раньше был обязательным блюдом на свадебном столе, потому что куриное яйцо было символом рождения новой жизни.

Традиционные русские **пряники** — сладкое мягкое печенье — также украшали праздничный стол. В тесто, из которого пекли пряники, добавляли мёд и пряности — отсюда произошло их название. Пряники могли быть круглыми или квадратными, в форме птиц и зверей. На русской свадьбе, когда праздник заканчивался, гостям раздавали маленькие пряники-разго-

Русский стол

няи (от слова «разгонять»). Так хозяева показывали, что гостям пора уходить.

Самой простой и сытной русской едой была **каша**. Кашу варят на воде или молоке из различной крупы. Традиционные каши — гречневая, пшённая — и сегодня есть на русском столе. Кроме них появились и другие — манная, рисовая, овсяная. Каша становится вкуснее, если добавить в неё масло. Отсюда происходит пословица «Кашу маслом не испортишь!».

В наши дни кашу обычно варят на завтрак, а раньше каша была частью любого обряда: её готовили на свадьбы, на крестины, на поминки. Свадебный пир на Руси так и назывался — «каша». Про молодых, которые решили пожениться, говорили, что они «заварили кашу». А сейчас это выражение означает «начать трудное, долгое дело». Специальную кашу — кутью — готовили на поминки. Её поливали мёдом, добавляли туда изюм или чернослив. Эта традиция сохранилась и в наши дни.

Щи — традиционный русский суп, который варят из свежей или кислой капусты. Хорошая хозяйка обязательно должна была варить вкусные щи и печь хороший хлеб. «Не та хозяйка, что красиво говорит, а та — что хорошо щи варит!» — учила русская пословица.

Поскольку русские селения обычно находились на берегу рек и озёр, на русском столе всегда были рыбные блюда. Густой, горячий рыбный суп назывался **уха**.

Летом, когда взрослые работали в поле, дети ходили в лес собирать грибы и ягоды. Блюда из этих продуктов всегда были на русском столе. Зима в России длится долго, и хозяйки использовали разные способы, чтобы сохранить продукты. Грибы и ягоды засушивали. Кроме того, из ягод делали варенье, а грибы солили, то есть консервировали при помощи соли. Солили также овощи — капусту, а позднее — огурцы и помидоры. В таком виде продукты могли храниться много месяцев. Такие способы сохранения продуктов многие хозяйки используют и сегодня.

Традиционным русским напитком был **квас** — кисло-сладкий напиток, приготовленный на основе дрожжей. Считалось, что квас полезен для здоровья. У каждой хозяйки был свой рецепт кваса: медового, яблочного, вишнёвого, клюквенного. Квас было легко приготовить. «Ешь щи с мясом, а нет — так хлеб с квасом», — советовала русская поговорка. Если в квас добавляли мелко нарезанные лук и овощи, получалась **окрошка** — холодный суп. И в наши дни окрошка является популярным летним блюдом.

Кроме кваса на Руси к столу подавали пиво, медовуху. Медовуха — лёгкий алкогольный напиток из мёда. Самым крепким алкогольным напитком была водка. Обычно водку пьют в начале застолья, поскольку она поднимает аппетит. Считается, что водка появилась на Руси в XIV в. Долгое время государство обладало исключительным правом на производство водки. До сих пор рецепт оригинальной русской водки держится в секрете.

В разные периоды времени на русском столе появлялись новые продукты и блюда. При Петре I на Руси начали есть картошку и помидоры. В русской кухне появилось много европейских блюд, например котлеты, салаты, макароны. Сами названия этих блюд говорят об их иностранном происхождении. С другой стороны, многие традиционные продукты — например, репа — исчезли со стола. В XX веке любимым праздничным блюдом стал **салат оливье**. Этот салат готовили в русских ресторанах по французскому рецепту ещё в XIX веке. Сейчас разные хозяйки готовят его по-разному, но обязательно кладут майонез, варёную колбасу или мясо, зелёный горошек.

Современная русская кухня сочетает в себе старинные традиции и новые привычки. На одном столе можно увидеть пироги и салаты, колбасу и соленья, блины и пиццу. В российских городах появляются рестораны с различными национальными кухнями.

Культура застолья

В старые времена обед в крестьянской семье напоминал обряд. Хозяин дома — глава семьи — всегда садился за стол первым. Он занимал самое почётное место — в красном углу, под иконами. Строго определённые места были и у других членов семьи, в зависимости от возраста и пола. Хозяйка подавала на стол еду.

Хозяин дома строго смотрел, чтобы за столом соблюдали порядок. Он всегда начинал есть первым. Посуды было мало, поэтому своя тарелка была только у хозяина, остальные ели из общего горшка или миски. Нужно было есть спокойно, не обгоняя друг друга. За столом нельзя было громко разговаривать, смеяться, стучать ложкой по посуде, вставать, не закончив еды.

К еде относились с большим уважением. Крестьяне ели досыта только по праздникам. Плохие урожаи, тяжёлые феодальные повинности приводили к тому, что крестьянин с трудом мог прокормить себя и свою семью. Возможно, этим объясняется особенность русского характера — любовь к застолью, которая всегда удивляла иностранцев. Крестьяне устраивали застолья вскладчину — то есть каждый участвовал в приготовлении праздничного

Обед
в крестьянской семье

стола. Все вместе варили пиво, готовили еду, накрывали стол. Существовал обычай: участники застолья пускали по кругу чашу с пивом или медовухой. Каждый пил немного и передавал соседу. Все вместе веселились: пели, танцевали, устраивали игры.

Богатые русские люди любили устроить «пир на весь мир». Особенно часто это делали в Москве, за что она получила название «хлебосольная». Иностранцы, которые приезжали сюда, рассказывали, что Москва — единственный город в мире, где богатые люди держат «открытый стол». Если гость приезжал после обеда, для него снова накрывали стол. По русскому обычаю хозяин должен был принять гостей со всей возможной щедростью. Об этом говорят и многие пословицы. «Всё, что в печи, на стол мечи», — учит русская пословица. Гостя нужно было хорошо накормить и напоить.

И в наши дни чаепитие и застолье — любимые формы общения русских людей. Даже если человек зашёл в гости ненадолго, его обязательно приглашают за стол. Тем более нельзя представить без застолья ни один праздник. Гостеприимство и сегодня остаётся традиционной чертой русского характера.

Вопросы и задания к текстам

1. Ответьте на вопросы.

1) О каких традиционных русских блюдах и напитках вы узнали из текстов?

2) Какие блюда на Руси готовили на свадьбу? Что они символизировали? А какие свадебные блюда готовят у вас в стране?

3) Какие изменения происходили в русской кухне в разные периоды времени?

4) Как нужно было вести себя за столом во время еды? А как принято вести себя за столом у вас на родине?

5) Как вы думаете, почему русский народ называют хлебосольным?

6) Что означают выражения «хлеб — всему голова», «заварить кашу», «пир на весь мир»?

7) Какие новые пословицы вы узнали из текстов? Что они говорят о русском национальном характере?

2. Вспомните, из чего готовят эти блюда. Соедините группы слов.

Салат оливье: ...квас, холодные овощи, лук.

Пряники: ...колбаса или мясо, зелёный горошек, майонез.

Пироги: ...мясной бульон, кислая или свежая капуста.

Каша: ...пшеничная мука, яйца, масло, начинка.

Щи: ...тесто, мёд, пряности.

Окрошка: ...вода или молоко, рис, гречка, овёс.

Раздел 4

Декоративно-прикладное искусство

Предтекстовые задания

1. Найдите в словаре значение новых слов.

Промысел, фантазия, подчиняться, образец, обработка (обрабатывать), орнамент, фон, унаследовать, композиция, сюжет, устройство, клевать, зерно, пилить, статуэтка, фаянс, узор, лак, шкатулка, табакерка, картон, изображать, уникальный, помещение, поднос; лён, шерсть, аккуратный, шёлк, жемчуг, бархат, сукно, кожа, эмблема, скатерть, козий пух.

2. Постарайтесь понять значение новых слов и выражений.

а)
производить/произвести → производство, произведение
мастерить/смастерить → мастер, мастерица
делать = творить/сотворить → творчество, творение
изготавливать/изготовить → изготовление
исполнять/исполнить → исполнение

б) место → местность
красить → окраска, раскрашивать
свистеть → свистулька

продавать → продажа
узор → узорный

в) писать + икона = иконопись
под + Москва = подмосковный
разный + образ = разнообразие
разный + цвет = разноцветный

рука + делать = рукоделие
служить + Бог = богослужение
плести + кружево =
кружевоплетение

г) возникать = появляться

поражать = удивлять, производить сильное впечатление

пользоваться популярностью = быть популярным

царевич = сын царя

получить известность = стать известным

миниатюрный = очень маленький

Внимание! Существительное, образованное от глагола, может обозначать как действие (процесс), так и предмет, появившийся в результате действия.

Глагол	Действие (процесс)	Результат действия (предмет)
резать расписывать украшать изображать шить	резьба роспись украшение изображение шитьё	резьба роспись украшение изображение шитьё
творить рисовать ткать вышивать	творчество рисование ткачество вышивание	творение рисунок ткань вышивка

Тексты

Русские народные промыслы

Народный промысел — это производство художественных изделий, которым традиционно занимаются жители определённой местности. Обычно это производство предметов быта, имеющих не только хозяйственную, но и художественную ценность. Народный промысел — это особый вид творчества, в котором фантазия мастера подчиняется традициям, сложившимся за много веков. Образцы народного творчества передаются из поколения в поколение.

В России, где много лесов, традиционным материалом для изготовления предметов быта было дерево. Русские мастера использовали дерево для резьбы и для росписи. Это два основных способа художественной обработки дерева. **Резьба** и **роспись** (рисунок) использовались для украшения

Резьба по дереву

Хохлома

игрушек, посуды, мебели, архитектурных деталей. Художественная обработка дерева достигла в России уровня высокого искусства. Существуют различные школы, которые сохраняют традиции древних промыслов.

Хохлома — центр по производству расписной деревянной посуды. Этот промысел возник в конце XVII — начале XVIII в. в селе Хохлома (недалеко от Нижнего Новгорода). Хохломские изделия поражают удивительными красками: чёрно-красный орнамент из цветов и листьев на золотом фоне. В хохломской росписи встречаются также образы птиц, коней, всадников. Традицию окраски посуды в золотой цвет мастера Хохломы унаследовали от мастеров иконописи. Хохломская посуда и в наши дни пользуется большой популярностью.

С XVI в. в селе Богородское Московской области существует народный промысел — **богородская деревянная игрушка**. Богородские мастера вырезают из дерева не только фигурки людей и животных, но и целые скульптурные композиции. В их основе лежат сюжеты сказок, стихов, даже исторических событий. Самую большую известность получили двигающиеся фигурки. Несложное устройство заставляет фигурки двигаться: куры клюют зерно, крестьяне пилят дрова, медведи играют на музыкальных инструментах.

Богородская игрушка

А в XVII в. центром производства игрушек был город Сергиев Посад (Московская область). В Богородском вырезали фигурки, а в Сергиевом Посаде их раскрашивали. Получались яркие, весёлые куклы: с ними играли дети, их использовали для украшения дома. Изделиями мастеров Сергиева Посада играли царевичи. Именно в Сергиевом Посаде в конце XIX в. начали делать **матрёшки**, которые сегодня стали самым известным русским сувениром.

Керамика — это изделия из глины, которые подвергаются специальной обработке огнём — обжигу. У многих древних народов керамические изделия были не только предметом быта, но и украшением дома. Производство художественных керамических изделий — посуды, игрушек — известно в России с древнейших времён. Изготовление глиняных изделий, было распространено по всей России.

glazed earthenware.

Гжельская керамика

Особую известность получила **гжельская керамика**. Этот промысел возник в подмосковной деревне Гжель во второй половине XVIII в. Посуда и статуэтки, выполненные из фаянса, раскрашиваются в белый и синий цвета. В настоящее время в Гжели продолжается традиционное производство. Благодаря фантазии гжельских мастеров сине-белая роспись поражает разнообразием форм и сюжетов.

В слободе Дымково (Кировская область) существует ещё один народный промысел — **дымковская игрушка**. Мастера делают из глины небольшие фигурки птиц, людей, животных, затем обжигают их и раскрашивают яркими узорами. Часто в виде разноцветных фигурок делают свистульки — их особенно любят дети. В наше время дымковские игрушки чаще используются как украшение или сувенир.

Федоскино и Палех — центры по производству **лаковой миниатюры**. Этот уникальный промысел появился в России в XVIII в. Небольшие коробочки, шкатулки, табакерки делали из специального картона и украшали миниатюрными рисунками. Обычно изображали сценки из жизни: чаепитие, катание на тройках, народные гулянья. Затем эти изделия покрывали лаком — отсюда название «лаковая миниатюра».

Дымковская игрушка

Лаковая миниатюра

Первым центром лаковой миниатюры было подмосковное село Федоскино. В XX в. его традиции перешли к мастерам села Палех Ивановской области. Жители Палеха в течение долгого времени занимались иконописью. В советское время их промысел оказался не нужен — иконы как предмет церковного быта были запрещены. Чтобы не исчезли уникальные традиции, мастерам Палеха предложили заняться производством лаковой миниатюры.

В палехской живописи используются приёмы иконописи, которые придают миниа-

Жостовский поднос

тюрам особую неповторимость. Традиционно используется чёрный фон, который усиливает яркие краски и тонкие линии рисунка. Сюжеты могут быть самыми разными: русские народные сказки, исторические события, сцены из сельской жизни. Палехская живопись стала так популярна, что используется не только в лаковой миниатюре, но и в книжных иллюстрациях, при украшении помещений.

В соседнем с Федоскино селе Жостове в начале XIX в. появился подносный промысел — изготовление лакированных металлических **подносов** с яркой росписью. Чаще всего на подносе изображают яркие цветы на чёрном фоне, но встречаются и целые картины — пейзажи, натюрморты, сценки из народной жизни.

Изделия русских народных промыслов очень популярны как на родине, так и во многих странах. Иностранцы привозят домой на память о России яркие сувениры: разноцветные матрёшки, нарядную хохлому, палехские шкатулки, жостовские подносы.

Традиционные занятия русских женщин

В свободное от домашних дел время русские женщины занимались рукоделием: ткали, шили, вышивали, вязали. Эти древние виды народного искусства продолжают существовать в некоторых районах как промыслы.

Изготовление тканей — **ткачество** — имело важное значение в крестьянском быту. Чтобы одеть всю семью, нужно было много ткани. Ее делали и для себя, и для продажи. В качестве материала использовали лён и шерсть. Готовые ткани могли быть простыми (одноцветными) или узорными.

Одежду, полотенца, скатерти украшали вышивкой или шитьём. **Вышивка** — способ украшения ткани шерстяными, льняными или шёлковыми нитями. В старину вышитая одежда, бельё, полотенца были обязательной частью приданого невесты. По тому, насколько красиво и аккуратно была сделана вышивка, судили о достоинствах хозяйки. Если вышивка была красивой и аккуратной, значит невеста будет хорошей хозяйкой.

Прялка

Торжокское
золотое шитьё

Для вышивки использовали также золотые и серебряные нити, жемчуг или бисер — мелкие круглые бусинки из разноцветного стекла с отверстиями для нитки. **Шитьё** — это особый вид вышивки, которым украшали праздничную церковную одежду, предметы богослужения, одежду царей и бояр. Шитьё выполнялось золотыми или серебряными нитями по дорогим тканям, часто с использованием жемчуга и драгоценных камней. Русские мастерицы создавали настоящие шедевры, которые сейчас можно увидеть в музеях.

С XIII в. известен такой традиционный промысел, как **торжокское золотое шитьё** (по названию города Торжок в Тверской области). Это вышивка золотом и серебром по бархату, сукну, коже. Она украшала праздничную одежду и обувь, кошельки, предметы церковного обихода. В качестве узора мастерицы использовали цветочный орнамент, например ветку розы с завитками. В наше время торжокское шитьё можно увидеть на государственных эмблемах, военных мундирах.

Кружевоплетение на Руси известно с XVII в. Этим видом рукоделия, как и вышивкой, занимались не только крестьянки, но и женщины знатных сословий. Кружево — это узор из нитей, который получается при их переплетении. Кружевом украшали платья, постельное бельё, скатерти. Главная особенность кружева — его тонкость, лёгкость, воздушность. Старинные традиции этого вида народного творчества сохранились в нескольких русских центрах. Самые известные из них — Вологодская область, где делают **вологодские кружева**, и город Елец — **елецкие кружева**. Произведения этих промыслов уникальны по технике исполнения и богатству узоров.

Вологодское
кружево

С давних времён до наших дней традиционным женским рукоделием является **вязание**. Россия — страна с холодным климатом, поэтому тёплые изделия из шерсти всегда были необходимы. Город Оренбург известен своими платками, которые вяжут из козьего пуха. Эти удивительные вещи лёгкостью и тонкостью напоминают кружево, но при этом они очень тёплые и не дадут замёрзнуть своей хозяйке даже в самый сильный мороз.

Вопросы и задания к текстам

1. Ответьте на вопросы.

1) Что такое народный промысел? В чём его особенности?

2) О каких русских народных промыслах вы узнали из текстов?

3) Какие материалы используют мастера различных промыслов?

4) В каких городах делают традиционные русские игрушки? Чем эти игрушки отличаются друг от друга?

5) Какие традиционные промыслы сохранились у вас в стране?

6) Каковы традиционные занятия русских женщин?

7) Какие вещи украшают при помощи шитья, вышивки, кружева?

8) А в вашей стране женщины занимаются рукоделием? Какие вещи принято делать своими руками?

2. Вспомните, какими промыслами занимаются в этих местах. Соедините группы слов.

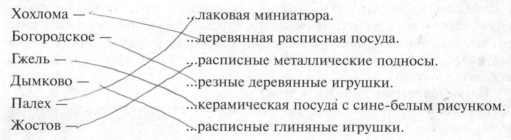

Хохлома — ...лаковая миниатюра.

Богородское — ...деревянная расписная посуда.

Гжель — ...расписные металлические подносы.

Дымково — ...резные деревянные игрушки.

Палех — ...керамическая посуда с сине-белым рисунком.

Жостов — ...расписные глиняные игрушки.

Раздел 5

Византийские традиции в древнерусском искусстве

Предтекстовые задания

1. Найдите в словаре значение новых слов.

Здание, корень, конструкция, купол, шатёр, вселенная, жертва, убранство, пещера, престол, перегородка, фреска, мозаика, отпевать, хоронить; расцвет, править, князь, неф, галерея, апостол, резиденция, шлем, вытянутый, клич; Богоматерь, молиться, жест, слой, штукатурка, повреждение, руководить, придворный, достижение, естественный, натура.

2. Постарайтесь понять значение новых слов и выражений.

а) посылать → посол
велик ий → величественность
высокий → высота, возвышаться
лук → луковица
святой → святыня; священный, священник; посвящать

основать → основа, основание, основатель
князь → княжеский
город → горожанин (горожане)
место → размещаться
тайна → тайный, тайник

б) крест + купол = крестово-купольный
прямой + угол = прямоугольный
на + стена = настенный
первый + начало =первоначальный
икона + писать = иконопись
чудо + творить = чудотворный

в) воплощать = выражать
вечный = бессмертный,
   бесконечный
утварь = предметы
собор = храм
киевляне = жители Киева
размещаться = находиться

казна = деньги
исцелять = лечить
всем миром = все вместе
выдающийся = прекрасный,
   необыкновенный
лик = лицо

Тексты

Русский православный храм

Архитектура как вид искусства возникла на Руси ещё до принятия христианства. В Древней Руси архитектура называлась **зодчеством**, а архитектор — **зодчим**. Основными строительными материалами были дерево и известняк — мягкий белый камень. Из дерева строили в основном жилые дома, а из камня — общественные здания.

Москва.
Храм Вознесения в Коломенском

Русское каменное зодчество имеет византийские корни. Византия была в то время государством с более развитой экономикой и культурой. Вместе с христианством из Византии пришли многие культурные традиции, и среди них — строительство храмов. Легенда рассказывает, что князь Владимир решил сделать Русь христианским государством после того, как его послы побывали в византийском храме и были поражены его красотой и величественностью.

Для строительства храма выбирали самое высокое место, чтобы храм было хорошо видно. Русский православный храм, как и византийский, имеет **крестово-купольную конструкцию**. Крест — символ христианства, символ веры и спасения.

Прямоугольное здание церкви внутри было поделено в виде креста, над центром которого возвышался главный купол.

Купол — верхняя часть храма. Купола могли быть разной формы: самые древние имели форму яйца, более поздние — луковицы. В XVI в. на Руси начали строить шатровые церкви: их купол был выполнен в виде шатра. Шатровый купол имеет, например, храм Вознесения в Коломенском (в Москве).

Православный храм — это образ устройства мира. Купол означает небо, поэтому купола часто покрывают золотом — это символ божественного света. Иногда на куполах церквей изображают звёзды на синем фоне. Купола ставят на разной высоте от земли, чтобы они не закрывали друг друга.

Крестово-купольная конструкция выражает идею соединения земного (человеческого) и духовного (божественного). Крест воплощает земную жертву Христа, а купол — вечную жизнь, которую получают люди благодаря этой жертве.

Внутреннее убранство храма, как и его конструкция, имеет глубокий символический смысл. В центре храма находится **алтарь**. Алтарь строят с восточной стороны — навстречу солнцу, потому что свет всегда связывали с Богом. Алтарь имеет много символических значений. Это и пещера, где родился Христос, и Голгофа, где Он был распят на кресте, и Небесный престол. Входить в алтарь может только мужчина. В глубине алтаря находится главная святыня храма — престол. Считается, что во время церковной службы здесь мистически присутствует Господь.

Иконостас отделяет алтарь от основного помещения церкви. Иконостас — это перегородка, на которой в строго определённом порядке располагаются ряды икон. Иконостас появился в русских храмах только в XIV в. Это одна из самых красивых частей православного храма. Храмы также украшают фрески, мозаики, церковная утварь.

Храм играет важнейшую роль в жизни христианина. С храмом связаны главные события жизни человека: в храме крестят детей, венчают будущего мужа и жену, отпевают после смерти. Но в древности храм был не только местом, где совершали церковные службы и обряды. Там также принимали послов, хранили казну, библиоте-

Иконостас

ки. В храмах люди могли спрятаться от врагов, которые нападали на город. На площади перед главным храмом города объявляли царские указы. Иногда в основании храма делали помещения, где хоронили знатных людей. Например, в Архангельском соборе Московского Кремля до XVII в. хоронили русских царей и членов их семей.

Памятники древнерусского каменного зодчества

В XI в. начинается расцвет древнерусского каменного зодчества. В это время на Руси правил князь Ярослав Мудрый. Поскольку столицей в то время был Киев, государство называлось Киевская Русь. Вторым по важности городом был Новгород. Там правил сын Ярослава — Владимир. По их указам в Киеве и Новгороде были построены два Софийских собора — настоящие шедевры мировой архитектуры.

Софийский собор в Киеве

В 1037 г. князь Ярослав приказал начать у стен Киева строительство храма Святой Софии. Этот храм должен был стать главным на Руси. Название было выбрано не случайно: святой Софии посвящался главный собор в столице Византии Константинополе (современный Стамбул). Ярослав хотел, чтобы **София Киевская** стала символом русского государства — такого же сильного, как Византия. Из Константинополя пригласили лучших мастеров. Киевляне помогали им и учились у них.

Зодчие сделали храм пятинефным — то есть поделили внутреннее пространство на пять частей. Это было смелое решение — в самой Византии делали не более трёх нефов. По углам с западной стороны построили две башни. Вокруг собора шли широкие галереи. Главным украшением собора стали его купола. Двенадцать куполов разного размера объединились вокруг самого большого купола — тринадцатого. Это имело символическое значение: 12 апостолов объединялись вокруг своего учителя Иисуса Христа.

Софийский собор производил очень сильное впечатление на всех, кто его видел. Огромный, высотой 30 метров, он возвышался над стоявшими рядом низкими деревянными избами. Ещё больше поражало внутреннее убранство собора: необыкновенная высота потолков, простор галерей. Храм украшали мозаики и фрески. **Фреска** — особый вид настенной живописи, роспись по сырой штукатурке. При работе с фресками мастер должен был быть особенно осторожным, потому что исправить написанное было нельзя. **Мозаику** делали из разноцветных кусочков камней, керамики или стекла. На мозаиках и фресках изображали христианских святых, евангельские сюжеты. Однако в росписи храма отразилась не только христианская история, но и могущество княжеской власти. На стенах были изображены основатель храма — Ярослав Мудрый, его дочери и сыновья, сцены из их жизни (сейчас сохранились только эти изображения).

Софийский собор играл важную роль в жизни Киева. Сюда приходили люди на церковную службу. Здесь находилась резиденция **митрополита** (тогда так называлась глава Русской православной церкви). В Софийском соборе хранились государственные документы, здесь размещалась библиотека — самая древняя на Руси. При соборе по приказу Ярослава Мудрого была создана одна из первых на Руси школ. Сам князь после смерти был похоронен в Софийском соборе. До нашего времени София Киевская не дошла в своём первоначальном виде.

В 1045 г. в Новгороде — втором по значению городе Киевской Руси — князь Владимир начал строительство ещё одного храма, посвященного святой Софии. Храм **Софии Новгородской** похож на Софию Киевскую, но выглядит строже и скромнее: у новгородского храма не 13 куполов, а только 5. Они имеют форму шлема. Красота Софии Новгородской — в простоте линий и величественной строгости форм. Вытянутая форма окон создаёт впечатление, что храм стремится вверх, к небу. Действительно, София Новгородская в полтора раза выше Софии Киевской.

Храм имел множество тайных комнат. В одной из них хранилась княжеская казна. Летопись рассказывает, что в 1547 г. царь Иван Грозный приехал в

Софийский собор в Новгороде

Новгород и узнал о тайнике в башне собора. В указанном месте стали ломать стену и нашли золото и серебро, которые потом отправили в Москву.

Новгородцы очень любили Софийский собор. Он стал символом их города. Существовала даже поговорка «Где Святая София, там и Новгород». Новгородские воины выходили в бой с кличем: «За Святую Софию!» Та часть города, где стоит храм, до сих пор называется Софийской.

Несмотря на то что София Новгородская и София Киевская производят очень разное впечатление, они принадлежат к одной архитектурной традиции. Киевские и новгородские зодчие не просто повторяли византийские образцы, они старались придать им новую, оригинальную форму. В результате появились памятники, которые положили начало новой архитектурной традиции.

Русская икона

*Казанская икона
Божией Матери*

Традиции русской **иконописи** также были заимствованы в Византии. Слово **икона** в переводе с греческого означает «образ» или «изображение». Это особый, очень древний вид религиозной живописи. На иконах изображался Иисус Христос, Богоматерь, святые, библейские сюжеты. Перед иконами верующие молились, иконы были в каждом храме и в каждом доме. Иконы — не просто картины: люди верили, что икона имеет огромную духовную силу. В трудные моменты человеческой жизни и истории страны иконы помогали, защищали от беды, исцеляли от болезней. Перед важными битвами люди «всем миром» приходили молиться перед иконами о победе. Люди верили, что иконы могут творить чудеса, поэтому называли их **чудотворными**.

Все изображения на иконе имели глубокий символический смысл. Каждый жест обозначал какое-то чувство. Например, рука, протянутая вперёд, — это покорность, а рука, прижатая к щеке, — печаль. Одно дерево могло обозначать целый лес, а маленькая горка — большие горы.

Чтобы написать икону, от мастера требовалось много времени и умения. Иконы писали на деревянной доске. Краски наносили много раз тонкими слоями. Некоторые части иконы покрывали золотом. Когда икона была закончена, её покрывали специальным маслом, чтобы защитить от повреждений.

Существовали строгие правила изображения — **каноны**. Иконописец не мог отступать от канонов, установленных древними мастерами. Он стремился как можно точнее повторять образцы. Многие художники не писали на иконе своё имя, потому что относились к иконе не как к произведению искусства, а как к святыне.

Тем не менее сегодня нам известны имена наиболее выдающихся мастеров иконописи, живших в конце XIV — начале XV в. Это время расцвета древнерусской иконописи.

Феофан Грек приехал на Русь из Византии. Он создавал не только прекрасные иконы, но и фрески. Феофан Грек жил на Руси более 30 лет,

*Феофан Грек.
Спас*

он работал в Москве и Новгороде. В Москве он руководил росписью соборов Московского Кремля, в Новгороде — росписью Спасо-Преображенского собора. У него было много помощников и учеников. Самым талантливым из них был Андрей Рублёв, работавший в Москве и во Владимире.

Андрей Рублёв и Феофан Грек писали иконы и фрески с одинаковыми сюжетами, но настроение их произведений очень разное. Лики на произведениях Феофана Грека величественны, прекрасны, а иногда строги, как, например, на его знаменитой иконе «Спас». Они передавали не только любовь, но и страх человека перед Богом. Андрей Рублёв стремился передать веру в человека, в его духовные силы. Образы его икон наполнены миром и любовью.

В XIV в. началось объединение русских земель вокруг Москвы с целью освобождения от власти Золотой Орды. Борьба против общего врага не только объединила русское государство, но и привела к необыкновенному подъёму в духовной жизни. Символом объединения и победы человека над тёмными силами стала Троица — образ единства Бога-отца, Бога-сына и Святого Духа. «Троица», самая известная икона Андрея Рублёва, была написана для Троице-Сергиева монастыря под Москвой. В ней воплотились представления мастера о человеческой красоте — внешней и внутренней. Сейчас эта икона находится в Москве, в Третьяковской галерее.

В XVII в. русские художники начали постепенно отходить от древних канонов. Одним из первых был придворный живописец Симон Ушаков. Он попытался соединить древнюю традицию и достижения западных мастеров. Ушаков старался сделать изображения людей естественными, похожими на оригинал. Именно Ушаков и его ученики были первыми, кто начал писать картины с натуры. Его портреты были ещё не очень совершенны. По технике исполнения они напоминали иконы. Тем не менее первые шаги к новому искусству были сделаны.

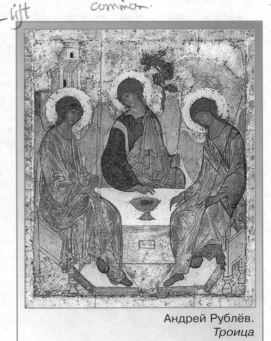

Андрей Рублёв.
Троица

Вопросы и задания к текстам

1. Ответьте на вопросы.

1) Какие традиции русские мастера заимствовали из Византии?

2) Что такое крестово-купольная конструкция? Какую идею она выражает?

3) Что символизирует купол? Какими бывают купола?

4) Почему алтарь считается главным местом в храме?

5) Какую роль играл православный храм в жизни человека и в жизни города?

6) Какие храмы строят у вас на родине? Постарайтесь описать, как они выглядят.

7) Почему князь Ярослав решил построить в Киеве собор в честь святой Софии?

8) Чем София Новгородская отличалась от Софии Киевской?

9) Что такое икона? Чем она отличается от картины?

10) Чем отличались произведения Андрея Рублёва от произведений Феофана Грека?

11) Что вы можете рассказать о «Троице» — самой известной иконе Андрея Рублёва?

2. Объясните значение слов, встречающихся в текстах:

купол, иконостас, фреска, мозаика, митрополит, икона, канон.

Раздел 6

«Золотое кольцо России»

Предтекстовые задания

1. Найдите в словаре значение новых слов.

Маршрут, представить, дух, объём, колокол, купец, боярин, территория, ряд, легенда, медведь, прогнать, гвоздь; сгореть, кирпич, назначение, тюрьма, орёл, склад, дозорный, учреждение, функция, мероприятие, съезд, алмазный, оружие.

2. Постарайтесь понять значение новых слов и выражений.

а) князь → княжество
   звонить → звон, звонарь,
      звонница
   цена → ценность

   не просить → непрошенный
   верх → верхушка
   царь → царство

б) тысяча + лет = тысячелетний
   рука + писать = рукопись
   белый + камень = белокаменный
   два + голова = двуглавый

в) династия = род
   облик = вид, внешность
   сооружение = здание

   уникальный = особенный
   размещаться = находиться
   палата = дворец

47

«Золотое кольцо России»

«Золотое кольцо» — название туристического маршрута, который проходит по старинным русским городам. Все они в древности были столицами феодальных княжеств. Обычно этот маршрут начинается и заканчивается в Москве, поэтому его называют кольцом. А «золотой» он потому, что в этих городах сохранились лучшие памятники древнерусской архитектуры. Проехав по «Золотому кольцу», можно представить, какими были русские города много веков назад, почувствовать дух старой Руси.

Ростов Великий

Ростов — город с тысячелетней историей. Когда-то он был таким же известным, как Киев, столица Древней Руси, и назывался Ростов Великий. Город стоит на берегу озера Неро. По вечерам воды озера отражают звон знаменитых ростовских колоколов. В наши дни, как и много лет назад, люди приезжают сюда, чтобы узнать секреты ростовских звонарей. Ростовский кремль строили в XVII в. по образцу Московского. Здесь находилась резиденция Ростовского митрополита, который пользовался таким же почётом, как митрополит Московский. Ростовский Кремль особенно красив со стороны озера.

Ярославль был основан в XI в. на берегу реки Волги. К середине XVII в. этот город по числу жителей и объёму торговли находился на втором месте после Москвы. Ярославские купцы были богаче самого царя. На их деньги были построены великолепные храмы и общественные здания. Многие из них сохранились до наших дней. В Ярославле, в знаменитом Спасо-Преображенском монастыре, в конце XVIII в. была найдена рукопись

Ярославль

«Слова о полку Игореве» — первого памятника древнерусской литературы. В Ярославле был открыт первый в России профессиональный театр.

Кострома

Кострому основал в XII в. князь Юрий Долгорукий. Огромную историческую и архитектурную ценность имеет Ипатьевский монастырь (XIV в.). Именно в этом монастыре в 1613 г. боярин Михаил Фёдорович Романов получил приглашение занять царский престол. Михаил Фёдорович стал первым царём из династии Романовых, которая правила в России до 1917 г. Сегодня на территории монастыря можно увидеть образцы русского деревянного зодчества XVI—XVII вв. В центре города сохранились торговые ряды XVIII—XIX вв., старинная пожарная башня и другие интересные памятники русской архитектуры.

Владимир — город на реке Клязьме — основал в XII в. князь Владимир Мономах и назвал его своим именем. Легенда рассказывает, что когда князь со своим войском пришёл в эти земли, местные жители выпустили медведя, чтобы он прогнал непрошеных гостей. Но князь смог победить медведя, и с тех пор это животное стало символом города. Во Владимире сохранились удивительные памятники белокаменного зодчества. Ус-

Владимир

Суздаль

пенский и Дмитриевский соборы поражают яркой росписью, мозаикой, резными украшениями. Очень празднично выглядят Золотые ворота. Лучшее творение владимирских зодчих — храм Покрова на Нерли, построенный в 1165 г. Его украшают вырезанные из белого камня фигуры святых, библейских персонажей, животных и птиц.

Город **Суздаль** также был основан Владимиром Мономахом. Сегодня это город-музей, почти полностью сохранивший свой древний облик. На фоне маленьких деревянных домиков возвышаются старинные храмы и монастыри — Ризоположенский, Спасо-Евфимиев, Покровский. Самое древнее сооружение города — Рождественский собор. В Суздале находится уникальный музей русского деревянного зодчества. Здесь можно увидеть крестьянские дома с мебелью, посудой, предметами быта и деревянные церкви, построенные без единого гвоздя.

Московский Кремль

Москва была основана князем Юрием Долгоруким в 1147 г. По его приказу на берегу Москвы-реки построили первую деревянную крепость. С этой крепости начинает свою историю **Московский Кремль**. В XIII в. он сгорел во время нападения ордынского войска. Уже в следующем веке по приказу князя Дмитрия Донского была построена новая крепость, из белого камня. С тех пор Москву стали называть Белокаменной.

В XV в. Русь освободилась от ордынского ига. Москва, которая играла главную роль в объединении русских земель, стала столицей нового государства. Московский князь Иван III приказал построить новую крепость, из красного кирпича. Новый Кремль должен был стать не только мощной крепостью, но и символом могущества русского государства. Для строительства в Москву пригласили лучших мастеров из Италии.

Московский Кремль

Стены Кремля в некоторых местах имели высоту до 19 метров, а толщину — до 6 метров. Общая длина стен составила около 2 километров. Вдоль стен построили 18 башен, которые имели разное назначение. В подвалах Троицкой башни находилась тюрьма. В Тайницкой башне хранили в тайниках сокровища — отсюда её название. На Набатной башне висел колокол. На Спасской башне в XVII в. появились **куранты** — часы с музыкальным боем. Своё название эта башня получила благодаря иконе Спаса (Спасителя), которая находилась на ней. С XVI в. до наших дней без изменений сохранилась только Кутафья башня.

В XVII в. Кремль перестал быть военной крепостью. На башнях появились нарядные шатры, а их верхушки украсил **двуглавый орёл** — символ российского государства. Тогда же построили самую маленькую башню Кремля — Царскую. Отсюда цари любили наблюдать за тем, что происходит на Красной площади.

В Кремле располагалось много разных зданий: дворцы царя и патриарха, храмы и монастыри, хозяйственные склады, дома, где жили знатные люди. В **Грановитой палате** принимали иностранных послов и давали праздничные обеды.

Колокольня «Иван Великий»

Одно из самых известных сооружений Кремля — **колокольня «Иван Великий»**. Её высота — более 80 метров. Долгое время она была самым высоким зданием в Москве, поэтому её использовали не только как звонницу, но и как главную дозорную башню. Внутри колокольни есть лестница, по которой можно подняться наверх. Сейчас на колокольне висит 21 колокол, в том числе самый большой колокол в мире — он весит 70 тонн.

Грановитая палата и колокольня «Иван Великий» находятся на главной площади кремля — Соборной. На Соборной площади стоят **Успенский, Архангельский** и **Благовещенский соборы**. Самый древний кремлёвский собор — Успенский. Его построил итальянский архитектор Фиораванти. Долгое время Успенский собор был главным русским православным храмом. В нём венчались на царство московские цари.

Второй собор, который построили итальянские архитекторы, — Архангельский. В нём похоронены многие русские князья и цари — Иван Калита, Дмитрий Донской, Иван Грозный.

Благовещенский собор построили русские мастера. Он имеет 9 золотых куполов. В Благовещенский собор приходили на церковную службу русские цари и их семьи.

Возле колокольни «Иван Великий» находится **Ивановская площадь**. В древности здесь размещались главные правительственные учреждения — приказы. Решения приказов для всего народа объявлялись на этой площади. Их нужно было читать очень громко, чтобы всем было слышно. Поэтому появилась поговорка «Кричать во всю Ивановскую».

В наши дни Кремль продолжает выполнять разные функции. Здесь работает президент России, поэтому часть Кремля

Архангельский собор

закрыта для туристов. **В Государственном Кремлёвском дворце**, построенном в советское время, проходят различные мероприятия: съезды политических партий, музыкальные концерты, новогодние праздники для детей. В старинных зданиях на территории Кремля располагаются музеи — **Оружейная палата** и **Алмазный фонд**. В Оружейной палате можно увидеть коллекцию старинного оружия, одежды и посуды, а в Алмазном фонде хранятся главные сокровища государства.

Вопросы и задания к текстам

1. Ответьте на вопросы.

1) Что такое «Золотое кольцо России»? Почему оно так называется?
2) Какие города входят в состав «Золотого кольца»? Какой из этих городов вам было бы интересно увидеть и почему?
3) Как выглядел Московский Кремль в разные периоды истории?
4) Какое назначение имел Московский Кремль раньше? Какие функции он выполняет в наши дни?
5) Какие исторические памятники можно увидеть в Кремле?
6) Были ли вы в Московском Кремле? Что вам особенно понравилось?

2. Вспомните, что вы узнали о городах «Золотого кольца России». Соедините части предложений.

В Костроме...	...находится музей русского деревянного зодчества.
Во Владимире...	...можно услышать знаменитый колокольный звон.
В Ростове...	
В Суздале...	...медведь является символом города.
В Ярославле...	...была найдена рукопись «Слово о полку Игореве».
	...Михаил Фёдорович Романов получил приглашение занять российский престол.

3. Правильны или нет следующие высказывания?

1) Московский Кремль много раз менял свой облик.
2) Для строительства Кремля при Иване III были приглашены мастера из Византии.
3) Все башни Кремля сохранились до наших дней без изменений.
4) Грановитая палата долгое время была самым высоким зданием Москвы.
5) В Архангельском соборе похоронены многие русские князья и цари.
6) На Соборной площади объявляли решения приказов.
7) Сейчас вся территория Кремля открыта для туристов.

Раздел 7

XVIII век в истории русской культуры

Предтекстовые задания

1. Найдите в словаре значение новых слов.

Флот, граница, частный, брить, борода, бал, дворяне, заведение, шрифт, обсерватория, типография, преемник, база, издавать, толковый; стиль, античный (античность), мифология, воспитывать, подвиг, натура, сходство, поза, орден, интимный, тень, привлекать, кокетство; проект, скульптура, шпиль, ангел, декорация, колонна, фасад, доступный, особняк.

2. Постарайтесь понять значение новых слов и выражений.

а) широкий → расширить
свет → освещать, просвещение
лёгкий → облегчать
открывать → открытие (научное)
масло → масляный
заказывать/заказать → заказчик

думать → задумчивый
готовить → подготовка
берег → набережная
ставить → установленный
творить → творение

б) разный + сторона = разносторонний
древний + Греция = древнегреческий
древний + Рим = древнеримский
пять + угол = пятиугольный
дворец + парк = дворцово-парковый

в) публичный = общественный
    пейзаж = изображение природы
    батальный = военный
    распространённый = частый
    парадный = праздничный, торжественный
    скрывать = прятать
    недостаток = плохая, слабая сторона
    прийти на смену = сменить
    прославиться = стать известным
    искренний = правдивый, настоящий
    замок = дворец

Тексты

Образование и наука

Пётр I

Реформы Петра I, который правил с 1682 по 1725 г., полностью изменили российскую жизнь. Пётр I хотел сделать Россию сильным европейским государством. Для этого он создал новую армию, построил флот, развивал промышленность и торговлю, расширил границы государства. Реформы Петра I имели светский характер: в результате этих реформ церковь потеряла часть своего влияния. Изменилась не только общественная, но и частная жизнь. Царь приказал знатным людям носить европейскую одежду, брить бороду, ходить на балы. Эти изменения затронули жизнь дворянского сословия, а образ жизни крестьян почти не изменился.

Пётр I понимал, что нельзя построить сильное государство без образованных людей, поэтому он много делал для развития образования и науки. XVIII век в России называют веком Просвещения.

В стране начали открываться светские учебные заведения. Появились специальные школы, где готовили инженеров, врачей, морских офицеров. Старый церковно-славянский шрифт заменили гражданским, он был намного проще, и это облегчало чтение книг. В России начала выходить первая печатная газета «Ведомости». В Петербурге — новой российской столице — были открыты первый музей (Кунсткамера) и первая публичная библиотека. В середине XVIII в. в городе Ярославле появился первый профессиональный театр.

В 1724 г. в Петербурге по приказу Петра I была создана Академия наук. Она стала научным центром страны. **Академия наук** имела три отделения: математическое, физическое (естественные науки) и гуманитарное. В составе академии были также Публичная библиотека, обсерватория, типография и ботанический сад. Поскольку Россия ещё не имела собственных специалистов, в академию были приглашены иностранные учёные.

М.В. Ломоносов

Преемники Петра I продолжили его реформы. Во время правления Елизаветы, дочери Петра, был открыт первый **российский университет**. Его основал в Москве в 1755 г. выдающийся российский учёный Михаил Васильевич Ломоносов. Ломоносов был очень разносторонним учёным. Он совершил открытия в области физики и химии, заложил основы русского литературного языка. Сейчас главный университет России носит его имя.

В 1783 г., при императрице Екатерине II, во главе Академии наук встала княгиня Екатерина Романовна Дашкова. Она руководила академией в течение 11 лет. Дашкова понимала, что России необходима собственная научная база. В академии издавались труды российских учёных, составлялись географические карты Российского государства.

Е.Р. Дашкова

В октябре 1783 г. вышел указ об основании новой Российской академии, которая занималась только гуманитарными науками. Руководить этой академией также стала Е.Р. Дашкова. Она собрала вокруг себя лучших писателей, поэтов, историков того времени. Дашкова доказывала важность объединения естественных и гуманитарных наук в школьном (гимназическом) образовании. Одним из важнейших результатов её работы стало создание толкового словаря русского языка.

Живопись и русские портретисты

XVIII век стал временем расцвета русского изобразительного искусства — живописи, архитектуры, скульптуры. В 1703 г. началось строительство новой российской столицы — Санкт-Петербурга. Город строили лучшие русские и европейские архитекторы. Созданные ими дворцы, храмы, мосты, памятники делают Петербург одним из красивейших городов мира.

В европейском направлении начала развиваться русская живопись. Русские художники перенимали опыт лучших европейских мастеров. Они начали писать картины с натуры и использовать светские сюжеты. Живопись разделилась на жанры: портрет, пейзаж, батальный жанр, исторический, бытовой. Пётр I, который очень любил море, коллекционировал морские пейзажи.

Главным направлением во всех областях искусства был **классицизм**. Образцом для подражания была античность и всё, что с ней связано. Художники и поэты использовали сюжеты древнегреческой и древнеримской мифологии. Считалось, что искусство должно воспитывать зрителя, а истории о жизни и подвигах древних героев прекрасно подходили для этого. Все жанры (живописи, литературы, архитектуры) делились на высокие и низкие. Например, в литературе трагедия считалась высоким жанром, а комедия — низким. В живописи высоким был **исторический** жанр: на картинах изображались великие битвы, важные исторические события, сцены из античной мифологии.

Портрет, напротив, относился к низкому жанру. Считалось, что написать портрет намного легче, чем историческую картину. Но именно портрет получил в XVIII в. в России самое большое распространение. Портрет был нужен, чтобы сохранить образ человека для близких людей. В Западной Европе этот жанр развивался уже несколько веков, а русские художники только учились писать с натуры, работать масляными красками, передавать внешнее сходство. Однако в жанре портрета русские живописцы достигли наибольших успехов.

Портрет отличается от фотографии тем, что в изображении человека всегда присутствует взгляд самого художника. Настоящий художник передаёт не только внешнее сходство, он старается раскрыть характер человека, показать своё отношение к нему. Часто по портрету можно догадаться, какой художник его написал.

Знатные люди выбирали **парадные портреты**, которые подчёркивали их высокое положение в обществе. На таком портрете человек изображался в полный рост, в торжественной позе, в парадном костюме с орденами. Эти портреты украшали комнаты богатых дворцов, поэтому они, как правило, были большого размера. Часто художник, чтобы портрет понравился заказчику, скрывал недостатки внешности или фигуры. Лучшие парадные портреты XVIII века были созданы Дмитрием Левицким, например портрет императрицы Екатерины II.

Другой тип портрета — интимный. Здесь нет лишних деталей, поэтому ничто не отвле-

Д. Левицкий.
Портрет императрицы Екатерины II

кает внимание от личности. Часто на **интимном портрете** человек изображён в тени, и только лицо ярко освещается. Так художник привлекает внимание к лицу, особенно к глазам, о которых говорят, что они — «зеркало души». Если парадный портрет показывал богатство и важность человека, то интимный — раскрывал его внутренний мир. Одним из самых известных художников, создававших интимные портреты, был Фёдор Рокотов.

Классицизм ставил на первое место строгий порядок и разумность во всём. В конце XVIII в. на смену классицизму приходит новое художественное направление — **сентиментализм**. Его представители ценят не разум, а чувства: доброту, нежность, любовь к природе, простые человеческие отношения.

Ф. Рокотов.
Портрет А. Струйской

В жанре сентиментального портрета прославился художник Владимир Боровиковский. Одна из самых известных его работ — портрет Марии Лопухиной. Молодая девушка в простом белом платье стоит на фоне деревенского пейзажа. Лицо девушки спокойное и задумчивое. В нём и грусть, и кокетство, — все чувства очень искренние.

За небольшой период времени школа русского портрета сделала большой шаг в развитии. Художники научились передавать сложные чувства и настроения. Увидеть произведения русских портретистов можно в Третьяковской галерее (Москва), Русском музее (Санкт-Петербург) и других музеях России.

В. Боровиковский.
Портрет М. Лопухиной

Архитектура

С середины XVIII в. центром подготовки русских архитекторов стала Академия художеств в Санкт-Петербурге. Там обучались такие выдающиеся мастера, как Василий Баженов, Иван Старов, Андреян Захаров. Раньше архитекторов приглашали из-за границы, потому что Пётр I хотел, чтобы новая столица — Петербург — имела европейский облик.

Первые здания, построенные в Петербурге, — Петропавловская крепость и Петропавловский собор. Их строили по проекту швейцарского архитектора

Петербург.
Петропавловская крепость

Доменико Трезини. Вместо традиционных круглых башен по углам крепости построили пятиугольные. Но Петропавловская крепость никогда не использовалась для защиты города. Долгие годы там была политическая тюрьма.

Петропавловский собор тоже был не похож на русские храмы — ни по форме, ни по интерьеру. Храм украшают скульптуры — в традиционной русской церкви это было не принято. Необычно выглядел и шпиль с фигурой ангела, установленный на колокольне.

Архитектор Трезини создавал проекты дворцов, жилых домов, общественных зданий. Для царя были построены два дворца — Зимний (его затем перестроили) и Летний (сохранился без изменений). В центре города строили дома для придворных. Пример общественного здания — Дом Двенадцати коллегий (министерств). Это было одно из самых больших зданий в городе в то время.

Из Италии в Россию были приглашены архитекторы Карло и Франческо Растрелли. Карло Растрелли был известным скульптором. Он создавал скульптуры выдающихся людей (Петра I, А. Меньшикова, Анны Иоанновны и др.), прекрасные фонтаны, а также театральные декорации. Его сын Франческо Растрелли был архитектором, он работал в стиле барокко.

Барокко — торжественный, парадный стиль. Здания украшались величественными колоннами и скульптурами. Сложные формы и разнообразные декоративные элементы должны были поразить зрителя. Этот стиль прекрасно подходил для новой европейской столицы.

Самая известная работа Ф. Растрелли в Санкт-Петербурге — Зимний дворец. Он считается самым большим дворцом в России (в нём более 1000 комнат). Сейчас там находится крупнейший российский музей — Эрмитаж.

Петербург.
Зимний дворец

В 1760-х гг. в русской архитектуре произошли большие изменения: на смену барокко пришёл **классицизм**. В отличие от роскошного, нарядного барокко для классицизма характерны простота и строгость.

Большое количество памятников классицизма сохранилось в Москве. Самым старым считается Воспитательный дом архитектора Карла Бланка. Фасад дома, расположенного недалеко от Кремля на набережной Москвы-реки, имеет длину 400 метров. Здание выглядит просто — его украшают только три небольших купола.

Москва. Царицыно

Выдающимся московским архитектором, работавшим в стиле классицизма, был Василий Баженов. Самая известная постройка Баженова в Москве — дом Пашкова (сейчас одно из зданий Российской государственной библиотеки). Другое творение Баженова — дворцово-парковый ансамбль Царицыно, который он строил как московскую резиденцию императрицы Екатерины Великой.

Учеником Баженова был другой известный архитектор — Матвей Казаков. Он был автором проектов жилых домов и общественных зданий. На Ленинградском проспекте можно увидеть построенное им здание Петровского дворца, похожее на сказочный восточный замок. По проекту Казакова было создано старое здание Московского университета.

В 1783 г. в Москве открылось Благородное собрание — место для встреч московского дворянства. Строительство главного зала было поручено Казакову. Этот зал считается одним из самых красивых в Москве. Его украшают 28 белых колонн, поэтому он называется Колонным залом. В течение многих лет здесь проходят балы, торжественные собрания, концерты.

В Кремле в 1776—1787 гг. Казаков построил здание Сената. Его украшает высокий купол, который можно увидеть с Красной площади.

Москва. Петровский дворец

Сейчас над этим куполом развевается российский государственный флаг.

В Петербурге также много зданий, построенных в стиле классицизма. Например, здание Академии художеств, которое строили французский архитектор Жак Валлен-Деламот и русский — Александр Кокоринов. Главный фасад, выходящий к Неве, выглядит очень скромно по сравнению с роскошными постройками Растрелли.

Петербург.
Памятник Петру I

Самый известный памятник Петру I, установленный в Санкт-Петербурге, также выполнен в стиле классицизма (автор — Этьен Фальконе, французский скульптор, долгие годы работавший в России). Произведение Фальконе стало одним из символов Санкт-Петербурга. В XIX в. великий русский поэт А.С. Пушкин написал о нём поэму «Медный всадник».

Классическая архитектура была проще и доступнее, чем архитектура барокко. Знатные люди заказывали архитекторам дома в классическом стиле. Многие дворянские особняки в Москве и Санкт-Петербурге выполнены в стиле классицизма.

Вопросы и задания к текстам

1. Ответьте на вопросы.

1) Какие изменения произошли в русской жизни при Петре I?

2) Что вы узнали об истории создания Российской академии наук?

3) Какую роль в развитии российской науки сыграла княгиня Е.Р. Дашкова?

4) Какие художественные направления были основными в искусстве XVIII века?

5) Какие жанры живописи вы можете назвать? Какие жанры живописи вам нравятся?

6) Чем портрет отличается от других жанров живописи?

7) Чем парадный портрет отличается от интимного? Каких известных русских портретистов XVIII века вы знаете?

8) О каких архитектурных стилях рассказывается в тексте? Какой можно чаще встретить в Москве, а какой — в Петербурге? Сравните архитектуру Москвы (Санкт-Петербурга) и вашего родного города.

9) О каких известных российских архитекторах XVIII века вы узнали из текста?

10) Какие памятники архитектуры, упоминаемые в тексте, вы видели? Расскажите о них.

2. Правильны или нет следующие высказывания?

1) Пётр I заставлял знатных людей носить европейскую одежду и брить бороду.

2) Княгиня Е.Р. Дашкова основала первый российский университет.

3) В XVIII в. русская живопись стала развиваться в европейском направлении.

4) Портрет считался высоким жанром живописи.

5) Парадный портрет помогал раскрыть внутренний мир человека.

6) Первое здание, построенное в Санкт-Петербурге, — Зимний дворец.

7) Барокко — роскошный и нарядный архитектурный стиль.

8) В. Баженов и М. Казаков создали в Москве прекрасные образцы архитектуры классицизма.

Раздел 8
Культурная жизнь России в XIX веке

Предтекстовые задания

1. Найдите в словаре значение новых слов.

Переживание, подъём, поэт (поэтичность), капитализм, буржуазный, скандал, выпускник, стрелец, трагический, гнев, сочувствие, ненависть, заковать, цепь, жертва, эффект, оттенок, покой; купец, расход, престижный, увлечение, приют, вдова, сирота, атмосфера, монументальный, солист, труппа, покорить, герб, заслуга; симфония, романс, конкурс, консерватория, дирижёр, композитор, мотив, публика, фольклор, заговор, обстановка, вступление, наследие, ирония, вдохновение.

2. Постарайтесь понять значение новых слов и выражений.

а) двигать → передвижной
серебро → серебристый
верх → поверхность
банк → банкир
сказка → сказочник

промышленность → промышленник
торговать → торговец
беречь → бережливый, бережливость
собирать → сборник

б) не + бывать = небывалый
не + зависеть = независимый
без + ум = обезуметь
любить + труд = трудолюбие

без + ошибка = безошибочно
положить + основа = основоположник
один + имя = одноимённый

в) патриотизм = любовь к родине
ужас = сильный страх
мрачный = тёмный

тревога = беспокойство
ежедневно = каждый день
иноземный = иностранный

Тексты

Литература и изобразительное искусство

В первой половине XIX в. на смену классицизму приходит новое художественное направление — **романтизм**. Романтизм обращается к внутреннему миру человека, его чувствам и переживаниям. Героем романтического произведения становится сильная, свободная личность. Романтиков привлекают славные, героические сюжеты. Отечественная война 1812 г., которая закончилась победой русской армии над войсками Наполеона, вызвала в стране небывалый подъём патриотизма и интерес к собственной истории, к национальным традициям.

XIX век называют **золотым веком русской литературы**. Литература становится основной формой художественного творчества и важнейшей частью культурной жизни. Появляются литературные журналы, в которых печатают свои произведения русские поэты и писатели: А.С. Пушкин, М.Ю. Лермонтов, Н.В. Гоголь, И.С. Тургенев. Именно в это время формируется современный русский литературный язык.

Во второй половине XIX в. в России происходят важные перемены. После отмены крепостного права начинает развиваться капитализм, рождается новое буржуазное сословие. Реформы в политике и экономике влияют на культурную жизнь страны. Если раньше искусство и литература отражали интересы дворянского сословия, то теперь они обращаются к жизни простых людей. На смену романтизму приходит **реализм**. В литературе и искусстве появляются новые герои и темы — обычные люди, их повседневные заботы. Художники и писатели стремятся изображать жизнь правдиво, реалистично. Великие русские писатели Ф.М. Достоевский, Л.Н. Толстой, А.П. Чехов в своих произведениях используют художественные приёмы, которые позволяют раскрыть внутренний мир персонажей.

Реализм проникает также в изобразительное искусство. В 1863 г. в Петербургской академии художеств произошёл скандал. Четырнадцать выпускников не захотели писать дипломные картины на традиционный мифологический сюжет. Они решили сами выбрать сюжеты для своих работ. Получив отказ, они ушли из академии и организовали независимую «Артель художников». Новое объединение возглавил Иван Крамской.

Эти художники хотели сделать искусство понятным не только для образованной части общества, но и для простого народа. Для этого они устраивали в разных городах России выставки своих работ. Эти выставки были передвижными, поэтому художники, которые принимали в них участие, назвали себя **«передвижники».** Передвижники выбирали для своих произведений темы и сюжеты из обычной жизни, которые раньше считались неинтересными для живописи.

И. Крамской.
Портрет Л. Толстого

В 1871 г. открылась первая выставка передвижников в Академии художеств. На ней было показано почти 50 картин. Художники работали в разных жанрах: портрет, пейзаж, историческая и бытовая живопись.

Передвижники создавали **портреты** известных людей своего времени: Фёдора Достоевского и Александра Островского (художник В. Перов), Льва Толстого (художник И. Крамской), Модеста Мусоргского (художник И. Репин), Ивана Тургенева (художник Н. Ге). Эти портреты сохранили для нас не только облик, но и богатый внутренний мир этих великих людей.

Новое развитие получил жанр **исторической живописи**. В этом жанре работали Илья Репин («Иван Грозный и сын его Иван»), Николай Ге («Пётр I допрашивает царевича Алексея»), Василий Суриков («Утро стрелецкой казни», «Боярыня Морозова»). Раньше художники выбирали для картин героические сюжеты: победы, подвиги великих людей, восхождение на царство. Теперь в центре внимания — трагические моменты истории. Художник стремится передать, что происходит в душе человека в сложный исторический момент. Иван Грозный в ужасе смотрит на тело сына, убитого им в гневе. Перед нами не великий царь, но обезумевший от горя отец. Стрельцы, ожидающие казни на Красной площади, вызывают у зрителя больше сочувствия, чем Пётр I, чей взгляд полон ненависти. Боярыня Морозова, закованная в цепи, кажется не жертвой, а победительницей: высоко поднятая рука говорит об огромной силе духа.

В. Суриков.
Боярыня Морозова

Пейзаж также был одним из любимых жанров передвижников. Иван Шишкин, Архип Куинджи, Исаак Левитан сумели удивительно точно передать характер русской природы. Природа на их картинах сама становится главным персонажем.

А. Куинджи уделял особое внимание проблеме света в живописи. Его картины поражают необычными эффектами освещения. На пейзаже «Ночь на Днепре» серебристый свет луны, проходящий через облака, отражается от поверхности реки и создаёт нереальное, волшебное впечатление.

Пейзажи И. Левитана имеют особое очарование и поэтичность. Тончайшие оттенки красок передают настроение каждого времени года («Золотая осень», «Март»). В картине «У омута» грозовое небо, мрачный лес, тёмная вода создают у зрителя ощущение тревоги. Или, наоборот, возникает чувство полного покоя, когда смотришь на картину «Над вечным покоем». Здесь перед нами огромное пространство — небо, вода, земля. На переднем плане — край острова с маленькой церковью. Ни одного человека — только природа и тишина.

Бытовая живопись представлена в произведениях художника Николая Ярошенко. Персонажи его картин — различные социальные типы («Кочегар», «Заключённый», «Студент»). В жанровых работах изображены сцены из жизни простого народа («Всюду жизнь», «На качелях»).

Произведения передвижников являются гордостью русского искусства. Наиболее известные картины этих авторов можно увидеть в Третьяковской галерее в Москве и в Русском музее в Санкт-Петербурге.

Н. Ярошенко.
На качелях

Русское купечество и меценатство

Купцами в России называли всех предпринимателей, независимо от вида их деятельности: банкиров, промышленников, торговцев. Самые богатые и известные купеческие семьи жили в Москве.

В купеческих семьях обычно было много детей. Их воспитывали очень строго, рано приучали к делу, а всё, что не имело отношения к работе, считали ненужным. Братья Третьяковы, когда были детьми, торговали в магазине своего отца. Трудолюбие и бережливость были для купца главными качествами. Такие богатые купцы, как, например, Бахрушины, ежедневно записывали все, даже самые мелкие расходы. Купцы были очень религиозны: соблюдали посты, регулярно ходили в церковь. Другие предпочитали проводить время в купеческом клубе. Здесь был концертный зал, помещения для игры в карты и бильярд, ресторан, комнаты отдыха.

Первые поколения купцов не придавали большого значения образованию, но во второй половине XIX в. ситуация изменилась. Купеческие дети стали поступать в престижные учебные заведения, уезжали учиться за границу. У нового поколения купцов появились другие увлечения. Свои деньги они тратили на покупку художественных произведений. Эти люди дружили с писателями и художниками и много помогали им. Таких купцов называли **меценатами**.

Богатый московский купец Павел Третьяков с юных лет любил искусство. В 1856 г. он купил первую картину русского художника и после этого стал собирать произведения русского искусства. За сорок лет Третьяков купил почти 2 тысячи картин, рисунков и скульптур русских мастеров XVIII—XIX вв. Сначала он развешивал картины в комнатах своего московского дома, но места для новых картин не хватало. Тогда Третьяков построил галерею в Лаврушинском переулке,

Государственная Третьяковская галерея

где все желающие могли посмотреть его коллекцию. В 1892 г. Третьяков подарил свою картинную галерею городу Москве, и сейчас она называется **Государственной Третьяковской галереей**.

И. Репин.
Абрамцево

Третьяков хорошо знал, как нелегко живут люди искусства. Он часто помогал им деньгами. Третьяков дружил с такими известными художниками, как И. Репин, В. Суриков, В. Перов, И. Крамской. Талантливого пейзажиста Фёдора Васильева, который был серьёзно болен, Третьяков отправил лечиться в Крым. В. Перов долгое время жил в подмосковном имении Третьякова. На деньги Третьякова, уже после его смерти, в Москве был открыт приют для вдов и сирот русских художников.

Другой выдающийся русский меценат — Савва Мамонтов. Он сам был очень талантлив и умел безошибочно находить талант в других людях. В 1870 г. Мамонтов купил старинную подмосковную усадьбу **Абрамцево**,

где он собирал лучших представителей русского искусства своего времени.

Здесь бывали певец Фёдор Шаляпин, режиссёр Константин Станиславский, художники И. Репин, И. Левитан, В. Васнецов, В. Серов, В. Суриков, М. Врубель.

Красота подмосковной природы и творческая атмосфера в Абрамцеве помогали художникам раскрыть свой талант. Виктор Васнецов создал там знаменитую картину «Богатыри». Валентин Серов написал в усадьбе одну из лучших своих картин — «Девочка с персиками», на которой изображена любимая дочь Мамонтова Вера. Благодаря помощи Мамонтова стал известен Михаил Врубель — гениальный русский художник, которого немногие понимали и признавали при жизни. В Абрамцеве Врубель создавал свои знаменитые майолики — мозаики из цветной керамики. Одна из них украшает, например, здание гостиницы «Метрополь» в Москве. Врубель

В. Серов.
Девочка с персиками

писал монументальные произведения на сказочные сюжеты («Царевна-лебедь», «Принцесса Грёза»).

В 1885 г. Мамонтов решил открыть оперу, но первые спектакли не имели успеха — не было хороших исполнителей. Тогда Мамонтов пригласил в труппу молодого солиста Ф. Шаляпина. В 1898 г. оперная труппа Мамонтова выехала на гастроли в Петербург. Шаляпин покорил столицу своим удивительным голосом. Скоро он начал выступать на лучших мировых сценах.

Российское государство поощряло деятельность купцов. Лучшие фирмы получали разрешение ставить на своей продукции Государственный герб — двуглавого орла. Многие купцы получали государственные награды, а за особые заслуги — дворянское звание.

Музыка

В XIX в. русская классическая музыка достигла уровня лучших мировых образцов. Русские оперы, балеты, симфонические произведения, романсы стали широко известны в мире.

В середине XIX в. в музыкальной жизни России происходят важные события. В 1859 г. было создано Русское музыкальное общество. Общество устраивало концерты, проводило музыкальные конкурсы. В 1862 г. в Петербурге открылась первая русская консерватория. Её основателем стал выдающийся дирижёр и композитор Антон Рубинштейн. Через четыре года его брат — Николай Рубинштейн — открыл консерваторию в Москве.

Основоположником русской классической музыки стал композитор Михаил Глинка. Глинка соединил достижения европейской музыки с русскими образами и сюжетами. Творчество композитора связано с национальным подъёмом, вызванным победой в Отечественной войне 1812 г.

Глинка — автор первых русских опер «Иван Сусанин» и «Руслан и Людмила». «Иван Сусанин» (сам Глинка назвал оперу «Жизнь за царя») — патриотическая опера. В основе сюжета лежат реальные исторические события. Главный герой — простой крестьянин Иван Сусанин — ведёт отряд врагов в глухой лес и сам погибает вместе с ними. Опера имела огромный успех.

«Руслан и Людмила» — опера-сказка, написанная на сюжет одноимённой поэмы А.С. Пушкина. Здесь соединяются две темы: лирическая (любовь Руслана и Людмилы) и героическая (борьба между сказочными силами добра и зла). Силы добра символизируют Русь, а силы зла — иноземных врагов.

Глинка часто обращается к народной музыке. В его произведениях можно услышать мотивы русских народных песен. Глинка — автор музыки прекрасных романсов, которые исполняются и сегодня.

Во второй половине XIX в. создаётся творческое объединение **«Могучая кучка»**. В него входили композиторы Михаил Балакирев, Модест Мусоргский, Александр Бородин, Николай Римский-Корсаков. Они стремились передать в музыке русский национальный характер, поэтому часто обращались к событиям русской истории. Участники «Могучей кучки» привлекли внимание широкой публики к русскому фольклору. Они издали несколько сборников народных песен.

И. Репин.
Портрет М. Мусоргского

М. Мусоргский в своих операх обращался к сложным страницам русской истории. Его первая опера — «Борис Годунов» — по одноимённой трагедии А.С. Пушкина. Музыка помогает композитору передать сложный, противоречивый характер царя Бориса. В основе сюжета оперы «Хованщина» — заговор стрельцов против молодого царя Петра I. Музыка Мусоргского необыкновенно живописная. Слушатель легко представляет персонажей, обстановку, сюжеты музыкальных картин. Например, вступление к опере рисует картину утра в древней Москве: слышится колокольный звон, пение птиц, народная песня. Эту оперу Мусоргский не успел дописать, её завершил другой композитор — Н. Римский-Корсаков.

Римский-Корсаков был не только композитором, но и дирижёром, педагогом. Его часто называют великим музыкальным сказочником. Почти все его оперы написаны на сюжеты сказок: «Снегурочка», «Садко», «Золотой петушок» и др. Один из самых поэтичных, светлых композиторов, Римский-Корсаков воспевал красоту и радость жизни.

Наиболее известным русским композитором XIX века является Пётр Чайковский. Чайковский был первым русским композитором, получившим широкое признание за рубежом. Он создал 10 опер, 3 балета, 6 симфоний, более 100 романсов.

Две лучшие оперы Чайковского — «Евгений Онегин» и «Пиковая дама» — написаны на сюжеты произведений Пушкина. Чайковский часто обращался к литературе не только при создании опер и балетов. Многие его симфонии и концерты написаны под впечатлением шедевров европейской литературы. Чайковский был мастером психологического портрета в музыке. Обращаясь к литературным произведениям, композитор по-новому раскрывал их. В «Евгении Онегине» исчезает оттенок лёгкой иронии, который был в поэме Пушкина, отношения героев становятся глубже и трагичнее. В «Пиковой даме» главный герой — Герман — пытается угадать тайну трёх карт не ради денег, а ради любви. Именно любовь, а не желание стать богатым, движет Германом.

В конце XIX в. русский балет переживает настоящий подъём. Благодаря Чайковскому появился балет, в котором музыкальные образы развиваются, как в опере и симфонии, и имеют свою музыкальную драматургию. «Лебединое озеро» и «Спящая красавица» стали классикой мирового балетного искусства. Свой последний балет — «Щелкунчик» — Чайковский написал по новогодней сказке Э.-Т. Гофмана специально для детей.

Чайковский, как и другие русские композиторы XIX века, постоянно обращался к народному творчеству. Многие его романсы сами стали народными песнями.

Вопросы и задания к текстам

1. Ответьте на вопросы.

1) Какие художественные направления были основными в литературе и искусстве XIX века?

2) Кто такие передвижники? Почему они так себя называли?

3) В каких жанрах работали передвижники?

4) В чём особенность исторических картин передвижников?

5) Какие художники любили писать пейзажи? Как они показывали природу?

6) Какие картины русских художников вы видели? Картины каких художников вы хотели бы посмотреть?

7) Как воспитывали детей в купеческих семьях?

8) Кого называли меценатами? Назовите известных русских меценатов. А в вашей стране существует подобная традиция?

9) Что вы можете рассказать об истории создания Третьяковской галереи?

10) Кто является основоположником русской классической музыки?
11) О каких русских композиторах вы узнали из текста? Расскажите подробнее об одном из них.
12) Какую оперу или балет вам было бы интересно посмотреть и почему?
13) Произведения каких русских композиторов известны у вас на родине?

2. Проверьте, как вы запомнили имена известных деятелей русской культуры XIX века. Заполните таблицу.

Художники	Композиторы	Меценаты
...	...	...
...	...	...
...	...	...
...	...	...
...	...	...

Павел Третьяков, Иван Шишкин, Николай Римский-Корсаков, Илья Репин, Савва Мамонтов, Исаак Левитан, Пётр Чайковский, Василий Суриков, Михаил Глинка, Архип Куинджи, Модест Мусоргский.

3. Правильны или нет следующие высказывания?

1) Романтизм — это направление в литературе и искусстве, которое возникло во второй половине XIX в.
2) Художники, покинувшие Академию художеств в 1863 г., образовали творческое объединение «Могучая кучка».
3) Пейзажи И. Шишкина и И. Левитана удивительно точно передают характер русской природы.
4) П. Третьяков купил подмосковную усадьбу Абрамцево, где собирались лучшие деятели искусства.
5) Известный меценат С. Мамонтов помог раскрыться оперному таланту Ф. Шаляпина.
6) Благодаря композитору М. Глинке балет стал самостоятельным музыкальным произведением.

Раздел 9

Основные тенденции развития русской культуры в XX веке

Предтекстовые задания

1. Найдите в словаре значение новых слов.

Лагерь, репрессировать, борьба, цензура, идеологическое давление, пропаганда; эвакуировать, блокада, плакат, призывать, урон, разрушить, разграбить, полководец, оттепель, контакт, экран, альтернативный, эмиграция, деятель, рынок; зарубежье, интеллигенция, оформлять, балетмейстер, премия.

2. Постарайтесь понять значение новых слов и выражений.

а) враг → враждебный
иметь → имущество
слава → прославлять
давить → давление

б) тысяча + лет = тысячелетие
после + война = послевоенный

в) устареть = стать старым,
несовременным
способствовать = помогать

новый → возобновить
стоять → застой
сильный → усиливать

между + народ = международный

пролетарский = рабочий
восстановить = строить заново

71

Тексты

Русская культура в первой половине XX века

В истории русской культуры XX в. можно выделить три основных периода: **Серебряный век** (с конца XIX в. до 20-х гг. XX в.), **советский** (до 1991 г.) и **постсоветский** (после 1991 г.) периоды.

Серебряный век — время расцвета русской культуры. В литературе, музыке, изобразительном искусстве появляются новые направления, стили, творческие объединения и группы. Главными художественными методами являются **реализм** и **модернизм**. Внутри модернизма развиваются различные направления: символизм, кубизм и др. Серебряный век подарил мировой культуре выдающиеся произведения русской литературы и искусства.

Москва.
Памятник героям Плевны

В этот период в обществе растёт интерес к российской истории, культурным традициям. В разных городах России открываются новые музеи, строятся памятники выдающимся деятелям русской культуры (А.С. Пушкину, Н.В. Гоголю и др.) и в честь важных событий русской истории (часовня-памятник героям Плевны в Москве). Выходят сборники стихов молодых поэтов. Многие деятели культуры чувствуют приближение великих перемен и ищут в творчестве ответы на волнующие их вопросы.

Октябрьская революция 1917 года и Гражданская война (1918—1921 гг.) полностью изменили жизнь российского общества. Оно разделилось на два враждебных лагеря. Многие из тех, кто не принял революцию, были вынуждены уехать из страны. Несмотря на тяжёлое время, 1920-е годы стали одним из самых ярких периодов в истории советской культуры. Появились художественные течения, которые создавали новое, **революционное искусство**: футуризм, конструктивизм, «пролетарские писатели». Представители этих течений отрицали традиционное искусство, считая его устаревшим в условиях нового социалистического общества. Была создана организация «Пролеткульт» (Пролетарская культура). Её целью стало формирование нового искусства для рабочих, воспитание нового гражданина. Представители старой культуры, которые не приняли революционных перемен, уезжали из страны. Многие из тех, кто остался, были репрессированы. Советская власть начала борьбу с православной церковью. Государство закрывало храмы, отбирало церковное имущество, которое имело высокую культурную и художественную ценность. Разрушались не только храмы, но и памятники дворянской культуры — особняки, усадьбы.

Ещё сложнее положение культуры стало в 1930-х гг. Государство организовало творческие союзы (Союз писателей, Союз художников, Союз архитекторов и др.), которые полностью контролировали творчество своих членов. Единственным правильным методом в литературе и искусстве был признан метод **социалистического реализма (соцреализма)**. Для него были характерны определённые художественные каноны: прославление социалистических идеалов, отражение интересов рабочего класса, наличие «правильных» героев. Мастерам искусства было очень трудно работать в условиях цензуры и идеологического давления. Несмотря на это, талантливые произведения продолжали появляться. Художественным

В. Мухина.
Рабочий и колхозница

символом эпохи стала скульптура Веры Мухиной «Рабочий и колхозница». Важнейшим из искусств было признано кино, потому что оно способствовало пропаганде нового, советского образа жизни. Огромной популярностью пользовались музыкальные фильмы Григория Александрова, которые показывали картины счастливой жизни советских людей.

Русская культура в середине и во второй половине XX века

В годы Великой Отечественной войны перед культурой встала новая задача — объединение духовных сил общества для борьбы с врагом. Было необходимо также сохранить как можно больше культурных ценностей (их эвакуировали на восток страны).

Писатели, художники, музыканты своим творчеством стремились поддержать боевой дух народа, помочь людям выжить, несмотря на ужасы войны. В блокадном Ленинграде оркестр исполнил Седьмую симфонию Дмитрия Шостаковича. Это выступление транслировалось по радио на всю страну. Так жители Ленинграда показали пример необыкновенной силы духа. В изобразительном искусстве главное место занял плакат. Плакаты призывали бороться с врагом и защищать Родину. Известные артисты театра, кино и эстрады ездили выступать перед солдатами на фронте и в госпиталях.

Война нанесла огромный урон культуре страны. Были разрушены исторические города (Новгород, Ленинград, Царское Село), разграблены музеи (А. Пушкина в Михайловском, Л. Толстого в Ясной Поляне), погибли многие памятники русской культуры (фрески XII в. в Новгороде, рукописи П. Чайковского в Клину, картины И. Репина, В. Серова, И. Шишкина). Немцы вывезли из страны огромное количество уникальных произведений искусства. Часть из них не удалось вернуть обратно.

В то же время война пробудила в народе чувство национальной гордости, уверенности в своих силах. Это нашло отражение в послевоенном творчестве: литературе, искусстве, театре, кино. Война напомнила о подвигах великих русских полководцев Александра Невского, Дмитрия Донского, Александра Суворова. В трудное время государство обратилось за помощью к православной церкви: в 1943 г. после долгого перерыва начались службы в храмах. Тогда же был избран новый Патриарх Московский и Всея Руси.

После смерти Сталина в 1953 г. начался период, получивший название **«оттепель»**. Вновь стали печатать произведения авторов, которые долгие годы были запрещены цензурой (Осип Мандельштам, Борис Пастернак, Михаил Булгаков, Исаак Бабель и др.). В 1962 г. в журнале «Новый мир» была опубликована повесть Александра Солженицына «Один день Ивана Денисовича» — первое произведение, в котором открыто говорилось о сталинских репрессиях. Появился огромный интерес к поэзии: молодые поэты Евгений Евтушенко, Андрей Вознесенский читали свои стихи со сцены и собирали полные залы слушателей. Стали расширяться международные контакты в области культуры. В 1957 г. в Москве прошёл Всемирный фестиваль молодёжи и студентов, благодаря которому многие советские люди впервые познакомились с культурой других стран. В 1958 г. состоялся Международный конкурс им. П.И. Чайковского, который стал традиционным и открыл имена многих талантливых музыкантов из разных стран мира.

Особенно успешно развивался в эти годы советский театр и кинематограф. На экраны выходят замечательные кинофильмы. Некоторые из них получили главные призы на международных кинофестивалях: «Летят журавли» Михаила Калатозова, «Баллада о солдате» Григория Чухрая, «Иваново детство» Андрея Тарковского. В Москве открылись новые театры — «Современник» и Театр на Таганке.

В 1970-е гг. в общественной и культурной жизни страны начался период **застоя**. Снова усилилась государственная цензура. Из-за сильного идеологического давления многие талантливые деятели культуры уехали за рубеж (А. Солженицын, В. Войнович, И. Бродский, Э. Неизвестный и др.). Появилось так называемое альтернативное искусство, которое распространялось неофициально, втайне от власти. Но и в это время мастера культуры продолжали создавать талантливые произведения. В их числе фильмы Андрея Тарковского и Сергея Бондарчука, книги Чингиза Айтматова и Василя Быкова, спектакли Анатолия Эфроса и Георгия Товстоногова.

После 1985 г. в стране началась **перестройка**. В культурной жизни произошли серьёзные перемены. Стали доступны книги, фильмы, спектакли, которые раньше были запрещены. В Россию вернулись из эмиграции многие деятели культуры: А. Солженицын, В. Войнович, М. Ростропович и др. По-новому были оценены многие события советского периода. Люди получили возможность познакомиться с зарубежной культурой, которая долгие годы была для них закрыта. Огромную роль в формировании взглядов общества начали играть средства массовой информации (СМИ): телевидение, радио, газеты, журналы.

Советский этап русской культуры завершился на рубеже 1980—90-х гг. и начался новый, **постсоветский**. Исчезла цензура, начали открываться негосударственные (частные) музеи, театры, издательства. Вновь растёт влияние Русской православной церкви и других традиционных для России религий (ислама, буддизма, иудаизма) в жизни общества. Возрождаются старые, досоветские, культурные традиции и праздники. Восстанавливаются разрушенные памятники архитектуры. Книжный рынок отражает многообразие современных литературных стилей. У разных возрастных и социальных групп пользуются популярностью Т. Толстая и Л. Петрушевская, В. Пелевин и В. Сорокин, Л. Улицкая и В. Аксёнов, Б. Акунин и А. Маринина.

Культура русского зарубежья

В XX в. появилось особое культурное явление — **культура русского зарубежья**. Это понятие отражает культурную жизнь огромного числа русских эмигрантов, покинувших страну в XX в.

Первая волна эмиграции была вызвана Октябрьской революцией 1917 года. Значительная часть русской интеллигенции не захотела жить при советской власти и решила уехать из страны. Всего за границей оказалось около трёх миллионов русских. В основном они жили в Европе — в Германии, Франции, Чехословакии, а также в США, Канаде, Китае.

Многие из тех, кто покинул Россию, были хорошо известны за рубежом. Русские певцы (например, Фёдор Шаляпин) с успехом выступали в Европе и США. В Париже в 1907 г. прошли «Русские исторические концерты», в которых принимали участие композиторы Николай Римский-Корсаков, Александр Глазунов, Сергей Рахманинов. Позже эти концерты переросли в знаменитые Русские сезоны во Франции, организованные Сергеем Дягилевым.

Среди эмигрантов были писатели — Иван Бунин, Иван Шмелёв, Александр Куприн; художники — Илья Репин, Василий Кандинский, Николай Рерих; музыканты — Сергей Рахмани-

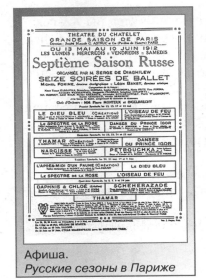

Афиша.
Русские сезоны в Париже

нов, Фёдор Шаляпин; артисты балета — Матильда Кшесинская, Вацлав Нижинский; философы — Николай Бердяев, Сергей Булгаков.

Хотя эти люди прожили долгие годы за границей, они продолжали считать себя русскими, старались поддерживать и развивать родной язык, родную культуру. За рубежом печатались русские газеты, выходили книги на русском языке, открывались русские школы.

Деятели русской культуры с успехом находили своё место в западном искусстве. Художники Александр и Николай Бенуа оформляли постановки в миланском оперном театре Ла Скала. Сергей Лифарь более 25 лет был ведущим танцором и балетмейстером театра Гранд-опера в Париже. Тамара Карсавина почти четверть века являлась вице-президентом Британской королевской академии танца. Огромный вклад в западную культуру внесли художники Марк Шагал, Василий Кандинский, писатели Анри Труайя (Лев Тарасов), Эльза Триоле (она дважды получала во Франции Гонкуровскую премию, самую высокую литературную награду).

Следующая волна эмиграции также продемонстрировала высокий уровень русской культуры за рубежом. Были вынуждены уехать за границу поэт Иосиф Бродский, писатели Василий Аксёнов, Владимир Войнович, Виктор Некрасов, скульптор Эрнст Неизвестный, артисты балета Рудольф Нуреев и Михаил Барышников.

Мировое значение культуры русского зарубежья заключается в том, что деятели литературы и искусства сумели сохранить в эмиграции духовное богатство, традиции русской национальной культуры.

Вопросы и задания к текстам

1. Ответьте на вопросы.

1) Какие периоды можно выделить в истории русской культуры XX века?

2) Какие художественные направления (методы) были основными в литературе и искусстве первой половины XX века?

3) Для чего были организованы творческие союзы? Как вы думаете, цензура помогает или мешает развитию культуры?

4) Как Великая Отечественная война повлияла на культурную жизнь страны?

5) Какие изменения в культурной жизни произошли после смерти Сталина? Какое название получил этот период?

6) Что означает понятие «культура русского зарубежья»?

7) Каких деятелей культуры русского зарубежья вы знаете? Почему они были вынуждены уехать из России?

8) Какой вклад в западную культуру внесли представители русской культуры?

2. Расположите в хронологическом порядке периоды развития русской культуры XX века:

а) перестройка, б) оттепель, в) военный период, г) Серебряный век, д) постсоветский период, е) период застоя.

3. Правильны или нет следующие высказывания?

1) Серебряный век — это время, когда появляются творческие союзы (Союз писателей, Союз композиторов и др.)
2) В 1920-х гг. появляются новые художественные течения — футуризм, конструктивизм, «пролетарские писатели».
3) В 1930-х гг. главным художественным методом становится метод «социалистический реализм».
4) Во время войны многие художественные ценности были эвакуированы на восток страны.
5) В годы войны главное место в изобразительном искусстве занимает плакат.
6) Художественным символом оттепели стала скульптурная композиция Веры Мухиной «Рабочий и колхозница».
7) В период оттепели открываются новые театры, печатаются ранее запрещённые произведения.
8) Первая волна эмиграции была вызвана Великой Отечественной войной.
9) Представители русского зарубежья с успехом находили своё место в западной культуре.

Раздел 10
Изобразительное искусство XX века

Предтекстовые задания

1. Найдите в словаре значение новых слов.

Принцип, бубновый, валет, ослиный, былина, протест, сочетать, приём, грубый, эмоциональный, серия, этюд, гармония; отрицать, абстракционизм, лидер, пятно, динамичный, итог, гротеск, перевёрнутый, плафон, панно, официальный; агитация (агитационный), суровый, оппозиция, замысел, серп, молот.

2. Постарайтесь понять значение новых слов и выражений.

а) мастер → мастерская
пропаганда → пропагандировать
куб → кубизм
много → множество
искать → поиск

мозаика → мозаичный
горький → горечь
близкий → приближение
игра → игровой

б) без + граница → безграничный
без + предмет → беспредметный
правда + подобие → правдоподобный

в) кружок = группа
полотно = картина
ломаный = неправильный, неровный
агитация = призыв

рамка = граница
благоприятный = хороший, удачный
обратный = противоположный

Тексты

Русская живопись Серебряного века

В. Васнецов.
Алёнушка

В русском изобразительном искусстве никогда не было такого количества направлений, течений и групп, как в начале XX в. Они имели различные художественные принципы, разное понимание искусства. Часто, желая привлечь внимание публики, они выбирали необычные названия, например «Голубая роза», «Бубновый валет» или «Ослиный хвост». Сейчас произведения этого периода можно увидеть в Москве (Третьяковская галерея), Санкт-Петербурге (Русский музей) и других российских и зарубежных картинных галереях.

В начале XX в. продолжали работать художники-передвижники (И. Репин, В. Поленов, В. Васнецов, В. Суриков и др.). Часть из них входила в **«Мамонтовский кружок»**, который сыграл большую роль в истории русского искусства. Его центром было Абрамцево — подмосковная усадьба известного мецената С. Мамонтова. Мамонтов организовал в Абрамцеве художественную мастерскую, участники которой развивали в искусстве народные традиции. Одним из руководителей мастерской был Виктор Васнецов. В своём творчестве он использовал сюжеты русских былин и сказок («Богатыри», «Иван Царевич на сером волке», «Алёнушка»). Передвижники работали вместе до начала 1920-х гг., а затем многие из них перешли в другие художественные объединения.

Представители группы **«Мир искусства»** (Александр Бенуа, Константин Сомов и др.) объединились вокруг одноимённого журнала. В эту группу входили художники, писатели, артисты. Они пропагандировали безграничную свободу художника, выражая протест против скучной современной жизни. Гораздо интереснее и романтичнее, по их мнению, был XVIII век, поэтому для своих картин они выбирали исторические темы. В этом объединении как исторический живописец начинал работать Николай Рерих. Исключение составлял Борис Кустодиев. Он создавал яркие, иногда немного ироничные картины русского быта («Масленица», «Купчиха за чаем» и др.) Художники «Мира искусства» рисовали костюмы и декорации для спектаклей, создавали прекрасные книжные иллюстрации. Они искали новые пути в творчестве, стремились изменить жизнь с помощью искусства. «Мир искусства» оказал большое влияние на различные области творчества: архитектуру и скульпту-

Б. Кустодиев.
Ярмарка

ру, поэзию, оперное и балетное искусство.

Художники другого объединения — **«Бубновый валет»** — сочетали приёмы новейших художественных стилей (кубизма, постимпрессионизма) с традиционным русским лубком (лубок — примитивная, яркая картинка). Их искусство было очень необычно для своего времени. Большие полотна, огромные предметы на них, яркие, кричащие цвета, грубый рисунок — такими были их картины. Самые известные художники этого объединения — Пётр Кончаловский, Илья Машков, Аристарх Лентулов. Чаще всего они писали натюрморты. Но даже если это был портрет, то их интересовал не характер человека. Художники воспринимали его как разноцветный предмет, составленный из различных форм. Часто они использовали приёмы кубизма, стараясь разделить любой предмет на простые геометрические фигуры: шар, куб, треугольник.

Русское искусство всегда было связано не только с Европой, но и с Азией. Яркий пример этой традиции — творчество Николая Рериха. Он был художником, учёным, писателем. Рерих написал около 5 тысяч картин, множество книг, стихов и статей.

Художника всегда интересовала связь России с Востоком. Его эмоциональные, красочные картины связаны как с легендами Древней Руси, так и

Н. Рерих.
Звенигород

с тибетской и индийской мифологией. Во время поездки по старым русским городам в 1903—1904 гг. художник написал около 100 этюдов на тему русской архитектуры. Современники называли эту серию этюдов Рериха каменной летописью Руси.

В 1920—30-х гг. Рерих много путешествовал по странам Востока — Индии, Непалу, Тибету, Монголии. Он мечтал найти таинственную страну Шамбалу — страну, где царит абсолютная гармония. Художник впервые показал миру величественные Гималайские горы. Изображая горы, Рерих сумел передать символическое значение цвета — борьбу света и тьмы, добра и зла.

Русский авангард 1910-х гг.

Русский авангард — понятие, которое вошло в историю мирового искусства. Художники-авангардисты отрицали классические традиции и искали новые, необычные формы в искусстве. Авангард объединял разные течения: символизм, кубизм, футуризм, супрематизм и др. В 1910-х гг. зарождается русский **абстракционизм**. Его лидерами и теоретиками были Василий Кандинский и Казимир Малевич.

В. Кандинский создал новый художественный язык XX века. Он считал, что главное в искусстве — его духовное содержание. Выразить это содержание можно при помощи беспредметных форм. Живопись должна быть «чистой», то есть свободной от прямых связей с реальностью.

Кандинский открыл новый путь в искусстве после поездки в Мюнхен. Тогда это была столица новейшего европейского искусства. Кандинский поехал туда учиться живописи. Он считал себя продолжателем европейской художественной традиции.

В 1911—1913 гг. Кандинский написал серии беспредметных картин «Импрессии», «Импровизации» и «Композиции». Согласно идее автора, главный смысл картины заключается не в предмете изображения, а в цвете и композиции. Работы Кандинского «Импровизация № 7», «Смутное», построенные на сочетании красочных пятен и ломаных линий, сейчас находятся в Государственной Третьяковской галерее.

К. Малевич основал другое авангардное направление в русском искусстве — **супрематизм**. В основе супрематизма лежит идея сочетания простых геометрических фигур. На картинах Малевича — яркие полосы, квадраты и треугольники, которые образуют сложные динамичные композиции. Итогом

В. Кандинский.
Синий всадник

художественных поисков Малевича стала знаменитая картина «Чёрный квадрат» (1915), которая до сих пор вызывает сильные споры любителей искусства. На ней изображён чёрный квадрат на белом фоне. Для одних это произведение несёт глубокий символический смысл, другие считают «Чёрный квадрат» антихудожественным произведением.

М. Шагал.
Над Витебском

В другой художественной манере работал Марк Шагал. Он представляет ещё одно течение в русском авангарде — **экспрессионизм**. Главным художественным приёмом в его творчестве становится гротеск. Художник изображает повседневный быт, но наполняет его высокой поэзией («Я и деревня», «Над Витебском»). Герои Шагала существуют в особенном мире: там люди умеют летать, а на крышах перевёрнутых домов растут сказочные цветы. Фон картины передаёт её настроение — он может быть розовым, синим, чисто белым.

В начале 1920-х гг. Шагала уехал жить во Францию. Русский художник успешно вошёл в западную культуру, работал во многих странах мира. В США он оформлял балеты П. Чайковского и И. Стравинского. В 1949 г. Шагал выполнил монументальные росписи в театре «Уотергейт» в Лондоне. В 1957 г. создал витражи для церкви в Асси, а в 1962 г. — для медицинского центра в Иерусалиме. В 1964 г. художник расписал плафон парижской Гранд-опера, а через два года закончил мозаичное панно для фасада Метрополитен-опера в Нью-Йорке. В 1950—70-х гг. по всему миру прошли персональные выставки художника. В 1973 г. в Ницце открылся Государственный музей Марка Шагала.

Изобразительное искусство в середине и во второй половине XX века

Во время Великой Отечественной войны главным жанром изобразительного искусства становится **плакат**. Одной из первых появилась работа Ираклия Тоидзе «Родина-мать зовёт!», призывавшая всех советских людей на борьбу с врагом. Плакат соединял в себе художественную и агитационную функции, его образы позволяли с особой силой выразить идеи времени. Под впечатлением событий первых, самых тяжёлых, лет войны созданы картины Александра Дейнеки «Окраина Москвы. Ноябрь 1941 г.», Аркадия Пластова «Фашист пролетел», Сергея Герасимова «Мать партизана». Художники

скорбь

военного времени в своих работах отражали скорбь по погибшим, ненависть к врагу, горечь поражения и радость победы.

В послевоенный период единственным официально разрешённым методом искусства, в том числе и в живописи, остаётся соцреализм. Соцреализм требовал от художника правдоподобного изображения окружающего мира, общественной пользы, оптимизма, пропаганды идей социализма. Выход за эти строгие рамки был возможен, например, в **книжной графике**. Прекрасные иллюстрации к произведениям У. Шекспира, Р. Бернса, А. Пушкина создал Владимир Фаворский. Другой выдающийся книжный график — Дементий Шмаринов — иллюстрировал произведения Л. Толстого, Ф. Достоевского, Э. Хэмингуэя.

И. Тоидзе.
Плакат

Период оттепели создал благоприятные условия для развития культуры, ограничений для творчества стало меньше. Художник А. Пластов внёс свежую струю в советскую живопись. На его картине «Весна» (1954) изображена молодая мать, одевающая ребёнка. Кругом ещё лежит снег, но чувствуется приближение настоящей весны — не только в природе, но и в искусстве. С начала 1960-х гг. в живописи становится заметен так называемый «суровый стиль». Для картин Павла Никонова «Геологи», Николая Андронова «Плотогоны» и др. характерен драматизм в изображении труда.

В конце 1960-х гг. в изобразительном искусстве появились новые направления: концептуализм, соц-арт и др. Эти течения находились в оппозиции к официальному соцреализму. Самым известным представителем российского **концептуализма** является Илья Кабаков. Концептуалисты утверждают, что главное — придумать замысел произведения, а создавать его совсем необязательно. Тем не менее они создают их. Иногда это картины, чаще — инсталляции, то есть сочетание художественных изображений с обычными предметами. Позднее, в 1970—80-х гг., появляется ещё одно направление внутри альтернативной (неофициальной) культуры — **соц-арт**. Представители соц-арта в игровой форме использовали образы социалистической агитации (серп и молот, красную звезду, портреты коммунистических лидеров). Таким образом они показывали обратную сторону этих символов, освобождая их от идеологического смысла. Наиболее известными художниками этого направления являются Виталий Комар и Александр Меламид. Именно они придумали название для своего художественного стиля.

Вопросы и задания к текстам

1. Ответьте на вопросы.

1) Что вы узнали о художественном объединении «Мир искусства»?

2) Какие художники представляли русский авангард? В чём состояло их новаторство?

3) Чем живопись М. Шагала отличалась от живописи К. Малевича и В. Кандинского?

4) Что вы можете рассказать о творчестве Н. Рериха?

5) Какая живопись вам больше нравится — классическая или авангардная — и почему?

6) Проходят ли у вас в стране художественные выставки? Расскажите об одной из наиболее интересных выставок, которую вы посетили.

2. Проверьте, что вы узнали о русском изобразительном искусстве XX века. Соедините части предложений.

Художники «Мира искусства» создавали...	...образы социалистической агитации.
Василий Кандинский написал...	...костюмы и декорации для многих спектаклей.
Итогом художественных поисков Казимира Малевича стала...	...серии беспредметных картин «Импрессии», «Импровизации» и «Композиции».
Николая Рериха всегда интересовала...	...знаменитая картина «Чёрный квадрат».
Представители соц-арта в игровой форме использовали...	...духовная связь России с Востоком.

3. Правильны или нет следующие высказывания?

1) В группу «Мир искусства» входили художники В. Кандинский и К. Малевич.

2) Художественные объединения начала XX века выбирали необычные названия, чтобы привлечь внимание публики.

3) Художники группы «Бубновый валет» в своих работах сочетали приёмы кубизма и традиционный русский лубок.

4) В годы Великой Отечественной войны главным видом изобразительного искусства стала книжная графика.

5) Социалистический реализм требовал от художника правдоподобного изображения жизни и пропаганды идей социализма.

6) Представители соц-арта считали, что главное — замысел произведения, а не его создание.

Раздел 11

Архитектура и скульптура XX века

Предтекстовые задания

1. Найдите в словаре значение новых слов.

Плавный, бетон, сталь, изысканный, конструкция, пирамида, подавлять, павильон, помпезный, вычурный, реконструкция, отделка, пыль, облицовка, бронза, авиационный, бюро; меч, атомный, взрыв, узник, комплекс, парить, обелиск, преемственность.

2. Постарайтесь понять значение новых слов и выражений.

а) миллион → миллионер
свет → светильник
ступень → ступенчатый

давить → подавлять
колонна → колоннада
высота → высотный → высотка

б) до + революция → дореволюционный
жизнь + радость → жизнерадостный
пятьдесят + лет → пятидесятилетие
под + ноги → подножие
много + число → многочисленный

в) изогнутый = неровный
причудливый = необычный
сносить = уничтожать
влага = вода

витраж = картина из кусочков стекла
мемориал = памятник
гигантский = огромный
осуществить = выполнить

85

Архитектурные стили и направления

В конце XIX – начале XX в. главным архитектурным стилем стал **модерн**. Этот стиль был популярен в Европе, Америке и России. В разных странах он назывался по-разному: во Франции — ар-нуво, в Германии и Австрии — югенд-стиль и т. д. Создатели модерна провозглашали единство стиля в архитектуре, декоративном искусстве, живописи. Архитекторы, работавшие в этом стиле, стремились создавать абсолютно уникальные, не похожие друг на друга здания. Типичные для модерна детали — плавно изогнутые линии, причудливые формы, растительный орнамент, часто — отсутствие симметрии. Архитекторы применяли новые для того времени строительные материалы — бетон, сталь, стекло.

Москва.
Казанский вокзал

В России первый этап модерна был связан с возрождением национальных традиций. Так возникло неорусское направление модерна. Архитекторы использовали формы и элементы древнерусского зодчества. В Москве в этом стиле построены Третьяковская галерея (арх. Виктор Васнецов), Ярославский вокзал (арх. Фёдор Шехтель), Казанский вокзал (арх. Алексей Щусев).

Прекрасными образцами русского модерна в Москве являются постройки архитектора Ф. Шехтеля, например дом купца-миллионера Рябушинского. После революции в этом доме жил писатель Максим Горький, и сейчас здесь находится его музей-квартира. В доме Рябушинского в полной мере воплотился один из главных принципов модерна — единство стиля во всём. Архитектор не только проектировал здание, он продумывал все детали интерьера — светильники, мебель, лестницы, даже двери. Ещё одна постройка Шехтеля — здание Московского художественного театра в Камергерском переулке. Зал театра с изогнутыми линиями ярусов, выгнутым потолком, необычными светильниками считается одним из шедевров модерна.

Москва.
Дом Рябушинского

Москва.
Дом правительства на ул. Серафимовича

В 1920-х гг. архитектура модерна уходит в прошлое — она кажется слишком нарядной и изысканной. На смену модерну приходит новый стиль, получивший название **«советский конструктивизм».** Архитекторы этого направления на первое место ставят не красоту здания, а его практичность. Важна не композиция, а конструкция — отсюда название стиля. В конструктивизме почти не было украшений, а внешний вид здания определялся его назначением. Принципы конструктивизма разработал французский архитектор Ле Корбюзье, который некоторое время работал в Москве. Его главная идея — «дом — машина для жилья». Эту идею использовал московский архитектор Борис Иофан в «Доме правительства» на улице Серафимовича. Здание имеет очень простой облик — жёсткие прямые линии, тёмный цвет стен, но внутри дома можно найти всё, что нужно для жизни, — от столовой до кинотеатра.

Мавзолей В.И. Ленина на Красной площади также построен в стиле конструктивизма. Архитектор А. Щусев выполнил его в форме ступенчатой пирамиды. Сначала мавзолей был построен из дерева, а позже — из тёмно-красного и чёрного камня.

В 1930-х гг. характер архитектуры вновь изменился. На смену конструктивизму пришел монументальный **«сталинский ампир».** Архитекторы создавали огромные, подавляющие своим размером здания. Самым популярным архитектурным украшением становится колоннада — она выражает силу и величие власти. «Сталинский ампир» сочетал разные архитектурные стили: античного классицизма, французского ампира, итальянского возрождения. Часто в одном здании смешаны элементы самых разных эпох и стилей. Наиболее полное представление о «сталинском ампире» может дать Всероссийский выставочный центр в Москве (раньше он назывался ВДНХ). Многочисленные павильоны выставки построены в стиле «сталинского ампира»: помпезные и вычурные, пышно украшенные, они производят очень необычное впечатление.

В 1930-х гг. проходила реконструкция Москвы. Москва должна была стать лицом нового Советского государства.

Москва.
ВДНХ

Расширялись улицы, строились новые проспекты и площади. Часто для этого сносили старые постройки. Наиболее интересными архитектурными памятниками 1930-х гг. стали Крымский мост через Москву-реку, здания Российской государственной библиотеки на Моховой улице, Театра Российской армии.

Настоящий расцвет «сталинского ампира» произошёл после Великой Отечественной войны. Семь высотных зданий строятся в Москве как символ мощи Советского государства. Их форма напоминает башни Московского Кремля. Для своего времени это были уникальные инженерные сооружения. Самые известные из «сталинских высоток» — здания Московского государственного университета им. М.В. Ломоносова, Министерства иностранных дел на Смоленской площади, жилой дом на площади Восстания.

Станции метро в 1930—50-х гг. строились в том же стиле. Особое внимание уделялось отделке станций: некоторые интерьеры напоминают дворцы или музеи. Строители использовали для отделки самые качественные и дорогие материалы — мрамор, гранит и др. Эти материалы были не только красивыми, но и прочными, они не пропускали влагу, не собирали пыль. Для облицовки первых станций потребовалось столько же камня, сколько использовали

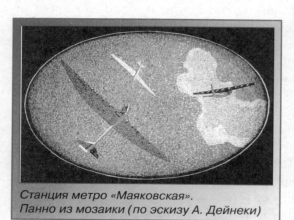

Станция метро «Маяковская». Панно из мозаики (по эскизу А. Дейнеки)

для строительства всех царских дворцов в дореволюционной России. Лучшие художники создавали для украшения станций панно из мозаики (станции «Маяковская», «Киевская»), стеклянные витражи («Новослободская»), бронзовые статуи («Площадь революции»).

Одна из самых знаменитых станций московского метро — «Маяковская». При её строительстве архитектор Алексей Душкин впервые решил использовать сталь. Проект станции был принят только после того, как специалисты авиационно-конструкторского бюро подтвердили, что сталь может выдержать давление потолка. Станция «Маяковская» и некоторые другие станции получили главные призы на международных архитектурных выставках.

Опыт художественного оформления станций Московского метрополитена был позже использован в Ленинграде (Санкт-Петербурге) и других городах Советского Союза.

Монументальная скульптура

В XX в. в Москве, Петербурге и других городах нашей страны появилось много новых скульптурных памятников: деятелям политики и культуры, знаменитым историческим личностям. Самое большое число монументов было установлено в честь победы в Великой Отечественной войне. Одним из символов победы стал памятник советскому воину-освободителю, установленный в 1949 г. в Берлине (скульптор Евгений Вучетич). В одной руке солдат держит меч, опущенный вниз. Это означает, что русские люди не хотят воевать. На другой руке солдат держит ребёнка — символ будущих поколений, которым советские воины подарили мирную жизнь. Другое известное скульптурное произведение Е. Вучетича — памятник-ансамбль героям Сталинградской битвы в Волгограде. Женщина с высоко поднятым мечом символизирует Родину, которая призывает своих сыновей на борьбу с врагом.

Е. Вучетич.
Памятник советскому воину-освободителю

Традиции монументальной скульптуры продолжают современные мастера. Один из наиболее известных российских скульпторов Эрнст Неизвестный с 1976 г. живёт в США. Названия его работ — «Каменные слёзы», «Атомный взрыв», «Разрушение» — говорят о глубоких проблемах современности, которые отражает творчество мастера. В 1996 г. в Магадане скульптор открыл мемориал узникам сталинских лагерей. В то же время Э. Неизвестный создавал жизнерадостные, оптимистические произведения, например «Монумент всем детям мира», установленный в международном детском комплексе «Артек» в Крыму.

В Москве живёт и работает другой известный скульптор современной России — Зураб Церетели. В 1995 г., в год пятидесятилетия победы в Великой Отечественной войне, был открыт мемориальный комплекс на Поклонной горе. Центральная композиция выполнена З. Церетели. На гигантском каменном обелиске выбиты даты военных сражений. Его вершину украшает ангел, который как будто летит в воздухе. У подножия обелиска — памятник Георгию Победоносцу, святому, который издавна считается одним из защитников Руси.

Под руководством З. Церетели были осуществлены крупные культурные проекты современной России. В 1999 г. открылся Московский музей современного искусства. К 2000-летию Рождества Христова в Москве был восстановлен храм Христа Спасителя, уничтоженный большевиками в 1931 г. Один из крупнейших в мире храмов был восстановлен за удивительно короткие сроки. З. Церетели руководил работами по его воссозданию. В этих работах приняли участие более 400 мастеров. Уникальный по сложности проект восстановления храма возродил преемственность дореволюционной и современной русской культуры.

3. Церетели создал целую галерею скульптурных изображений великих деятелей русской культуры XX века (Фёдора Шаляпина, Всеволода Мейерхольда, Иосифа Бродского, Владимира Высоцкого, Булата Окуджавы и др.). Работы Церетели установлены во многих странах мира, например, памятник «Добро побеждает зло» перед зданием Организации Объединённых Наций в Нью-Йорке.

Вопросы и задания к текстам

1. Ответьте на вопросы.

1) В чём особенности модерна как архитектурного стиля?
2) Что такое конструктивизм? Откуда происходит его название?
3) Какой архитектурный стиль лучше всего воплощал идеологию Советского государства?
4) Как изменилась Москва в 1930-х гг. и после Великой Отечественной войны?
5) Что вы узнали об истории московского метро? Какие станции вам нравятся больше всего?
6) Какие памятники были созданы в память о победе в Великой Отечественной войне? О каких скульпторах вы узнали из текстов?

2. В каких архитектурных стилях построены эти здания:

Третьяковская галерея, Театр Российской армии, «Дом правительства», Российская государственная библиотека, Мавзолей В.И. Ленина, дом Рябушинского, главное здание Московского государственного университета им. М.В. Ломоносова, здание Московского художественного театра, павильоны Всероссийского выставочного центра, Казанский вокзал?

а) модерн
б) конструктивизм
в) сталинский ампир

Раздел 12
Музыкальное искусство XX века

Предтекстовые задания

1. Найдите в словаре значение новых слов.

Резкий, ритм, постановка, студия, мультфильм, энергия, симфония, подвиг, нашествие, флейта, оркестр, эксперимент, хорал; сцена, репертуар, трогательный, искренний, пластика, фонд; массовый, техника, устройство, грамотный, интонация, долг, гастроли.

2. Постарайтесь понять значение новых слов и выражений.

а) виолончель → виолончелист
   альт → альтист—
   скрипка → скрипач
   пианино → пианист

звук → созвучие
учить → разучивать, училище
злой → зловещий
новый → новаторство

б) звук + запись → звукозапись
   весь + народ → всенародный

в) вдали от = далеко от
   подвергать критике = критиковать, осуждать
   премьера = первое исполнение
   насыщенный = полный

Классическая музыка

Русские и советские композиторы и исполнители занимают важное место в мировой музыкальной культуре XX столетия. Во всём мире знают и любят произведения композиторов Сергея Рахманинова, Сергея Прокофьева, Дмитрия Шостаковича, Альфреда Шнитке. В лучших концертных залах выступали и выступают российские музыканты: виолончелист Мстислав Ростропович, альтист Юрий Башмет, скрипач Владимир Спиваков, пианисты Евгений Кисин, Денис Мацуев, дирижёры Евгений Светланов, Валерий Гергиев и др.

Композитор С. Прокофьев уехал из России в 1918 г., но понял, что не может жить и работать вдали от Родины. В 1932 г. он вернулся в Советский Союз. Его музыку поняли не сразу. Прокофьев внёс в классическую музыку много нового. Резкие созвучия, необычные мелодии и ритмы казались непонятными не только слушателям, но и профессиональным музыкантам. Балет «Ромео и Джульетта» артисты назвали «нетанцевальным» и не хотели участвовать в постановке. Известный советский режиссёр Всеволод Мейерхольд согласился поставить в своём театре оперу Прокофьева «Игрок», однако музыканты и певцы не захотели разучивать оперу, потому что считали её слишком сложной и непонятной. Сейчас эти произведения с успехом идут на лучших мировых сценах.

Действительно, музыка Прокофьева требует от слушателя внимания. Только тогда можно понять глубину его произведений, смелые и неожиданные мелодии. Но это не значит, что Прокофьева может понять только узкий круг музыкантов. Его музыка может быть весёлой и лёгкой, как, например, в комической опере «Любовь к трём апельсинам». Прокофьев — автор детской оперы-сказки «Петя и волк». Она была настолько популярна, что студия Уолта Диснея создала мультфильм, в котором звучит эта музыка. Прокофьев также написал музыку для советских кинофильмов «Александр Невский» и «Иван Грозный».

Другой выдающийся композитор — Д. Шостакович тоже часто подвергался серьёзной критике, так как его музыка казалась слушателям странной, непонятной. Произведения Шостаковича отличаются мужественностью, внутренней силой и энергией. Основные жанры творчества Шостаковича — симфония и концерт. Из пятнадцати симфоний, написанных композитором, наиболее известны Пятая и Седьмая.

Седьмая, или «Ленинградская», симфония имеет особую историю. Композитор создавал её во время блокады Ленинграда немецкими войсками в сентябре-декабре 1941 г. Впервые симфонию исполнили в Ленинграде в августе 1942 г. Эта премьера стала настоящим подвигом музыкантов. Сочинение Шостаковича поддержало дух жителей города и стало доказательством их мужества. В симфонии много раз повторяется тема нашествия. Сначала её исполняют только флейты, потом присоединяются другие инструменты. Наконец тема превращается в зловещий марш, который играет весь оркестр. Симфония заканчивается медленной и торжественной темой победы над злом.

Современники не всегда понимали творчество композитора. Оперы Шостаковича, так же как и оперы Прокофьева, нарушали привычные представления об этом жанре. Например, оперу «Нос» Шостакович написал по одноимённой повести Н.В. Гоголя. Композитор попытался создать новый для русской сцены тип спектакля — оперу-сатиру. Опера «Катерина Измайлова» написана по повести Н.С. Лескова «Леди Макбет Мценского уезда». Эти произведения Шостаковича изменили многие оперные традиции.

В 1960—70-х гг. в России появляется **музыкальный авангард**. Представители этого музыкального направления искали для своих произведений новые приёмы. Композиторы не боялись ставить музыкальные эксперименты. Альфред Шнитке считал, что звук прекрасен сам по себе, а не только в составе мелодии. Поэтому он использовал новые приёмы композиторской техники. Композитор и дирижёр Софья Губайдулина для своих произведений выбирала необычные сочетания инструментов, непривычные сочетания звуков.

Композиторы-авангардисты не отрицали классическую музыку. Наоборот, они часто использовали известные классические мелодии, придавая им новое звучание. Большой интерес у них вызывала старинная музыка — русские церковные хоралы, музыка европейского барокко. Нередко композиторы использовали в одном произведении элементы разных музыкальных стилей.

Балет

А. Павлова

Балет — это особый вид искусства, который сочетает музыку, танец и сценическую постановку. Русский балет продолжил традиции классического европейского балета.

Искусство русского балета высоко ценят во всём мире. В начале XX в. на балетной сцене появились новые звёзды: балерины Анна Павлова и Матильда Кшесинская, артист балета Вацлав Нижинский и балетмейстер Михаил Фокин. Русские сезоны балета в Париже в 1909—1912 гг. принесли им мировую славу. После революции многие русские артисты остались жить и работать во Франции.

93

Благодаря им русская балетная школа оказала огромное влияние на зарубежное танцевальное искусство XX века.

И в советское время, и в наши дни балет остаётся российской национальной гордостью. Две лучшие балетные сцены находятся в Москве (Большой театр) и в Санкт-Петербурге (Мариинский театр). Они дали миру гениальных артистов балета: здесь танцевали Галина Уланова, Майя Плисецкая, Екатерина Максимова, Марис Лиепа, Владимир Васильев.

Г. Уланова сразу после окончания балетного училища в 1928 г. стала выступать в главных партиях классического репертуара — балетах П.И. Чайковского «Лебединое озеро», «Спящая красавица», «Щелкунчик». Уланова могла выразить в танце самые разные чувства, передать через движения характер своей героини. Это была нежная, но сильная Мария в «Бахчисарайском фонтане» Б. Асафьева, трогательная и искренняя Жизель («Жизель» А. Адана), скромная и счастливая Золушка («Золушка» С. Прокофьева). Лучшей партией Улановой стала партия Джульетты в знаменитом балете С. Прокофьева «Ромео и Джульетта». В творчестве балерины отразились лучшие черты русской балетной школы — выразительность, глубина содержания, классическая простота исполнения. Когда Уланова закончила выступать на сцене, она стала педагогом и учила танцу следующие поколения артистов Большого театра.

Другая выдающаяся балерина XX века М. Плисецкая впервые выступила на сцене Большого театра в 1944 г., где исполнила партию Маши в балете «Щелкунчик». Её лучшие партии — Мирта в «Жизели», Одетта и Одиллия в «Лебедином озере», Китри и Дульцинея в «Дон Кихоте» Л. Минкуса. Специально для балерины её муж, композитор Родион Щедрин, написал балет «Кармен», переработав музыку одноимённой оперы Жоржа Бизе. Стремительные и лёгкие движения, удивительная пластика рук, простота и необыкновенная выразительность — особенности танцевальной техники Плисецкой. В её искусстве сочетаются традиции русской хореографической школы с новаторством современного балета. Плисецкая получила множество российских и зарубежных наград в области танцевального искусства. В 1990-х гг. она создала специальный фонд, который поддерживает молодых талантливых артистов балета.

Н. Цискаридзе

Традиции русской балетной школы в наше время успешно продолжают Ульяна Лопаткина, Диана Вишнёва (Санкт-Петербург); Светлана Захарова, Николай Цискаридзе (Москва) и другие артисты балета.

Массовая музыкальная культура

В начале XX в. возникает (и затем получает широкое развитие) явление, которое называется **«массовая культура»**. Это понятие охватывает разные виды творчества: кино, музыку, литературу. Материальной базой для массовой культуры стало развитие техники: появление фотографии, радио, кино, телевидения, устройств для видео- и звукозаписи. Экономическое развитие страны привело к росту грамотности населения и его уровня жизни. У людей появилось больше свободного времени. Всё это способствовало распространению массовой культуры как в Советском Союзе, так и за рубежом.

Самым популярным жанром массовой музыкальной культуры была песня. Лучшие песни 1930-х годов написал композитор Исаак Дунаевский к кинофильмам «Весёлые ребята», «Цирк», «Дети капитана Гранта», «Волга-Волга». Они принесли композитору всенародную известность.

Песни, написанные в годы Великой Отечественной войны, знают и любят до сих пор. Наверное, самая известная военная песня — «Катюша». Её написал композитор Матвей Блантер в 1939 г., но многие считали её народной и сочиняли свои слова на известный мотив. Были песни патриотические, например «Священная война» Анатолия Александрова. Были песни лирические: «В землянке» Константина Листова, «В лесу прифронтовом» М. Блантера. Песня помогала людям, объединяла их в трудную минуту.

С 1960—70-х гг. в нашей стране очень большой популярностью пользуется **авторская песня**. Это культурное явление, которое объединяет поэзию, музыку и исполнительское мастерство. Авторы пишут музыку и слова и сами исполняют свои песни, обычно под гитару. Таких исполнителей называют **бардами**. Авторская песня отличается простотой, естественной интонацией. Один из первых российских бардов Александр Галич дал такое определение авторской песне: «...это стихи, которые поются». В творчестве бардов находят отражение простые и вечные ценности: любовь, надежда, дружба, честность, чувство долга.

Самыми популярными бардами в 1960—80-х гг. были Булат Окуджава и Владимир Высоцкий, они сумели очень верно передать мысли и чувства своего поколения. Владимир Высоцкий был удивительно талантливый человек: он играл в театре и кино, сочинял и исполнял песни. Люди переписывали его песни с одного магнитофона на другой и пели их под гитару. Творчество Б. Окуджавы и В. Высоцкого хорошо известно за рубежом.

В 1980-х гг. в России начинает развиваться **рок-культура**. Сначала российское рок-движение подражало западному, но вскоре приобрело собственные национальные черты. Главным в русском роке всегда было слово. Тексты песен выражали протест против официальной идеологии и культуры. Огромную популярность, особенно среди молодёжи, получили рок-группы

В. Цой

«Аквариум» (Борис Гребенщиков), «Машина времени» (Андрей Макаревич), «Кино» (Виктор Цой), «ДДТ» (Юрий Шевчук).

Современная российская музыкальная жизнь очень насыщенна и разнообразна: в столице и других российских городах проходят музыкальные фестивали и конкурсы, приезжают с гастролями лучшие зарубежные исполнители. Развиваются все музыкальные направления: классика, джаз, эстрада, народная и церковная музыка.

Вопросы и задания к текстам

1. Ответьте на вопросы.

1) Почему современники не всегда понимали музыку С. Прокофьева и Д. Шостаковича?
2) Какова история создания и исполнения «Ленинградской» симфонии Д. Шостаковича?
3) О каких выдающихся артистах русского и советского балета вы узнали из текстов? Какие роли сделали их знаменитыми?
4) Что такое «массовая культура»? Что повлияло на её развитие?
5) Какие песни пишут барды? Почему они так популярны?
6) Какие музыкальные направления популярны у вас на родине? А какая музыка нравится вам?

2. Правильны или нет следующие высказывания?

1) Композитор Дмитрий Шостакович уехал из России, но затем вернулся на родину.
2) Артисты и музыканты отказывались участвовать в операх и балетах Сергея Прокофьева, потому что не понимали его музыку.
3) Русские сезоны балета в Париже в начале XX в. принесли мировую славу М. Плисецкой.
4) Когда Г. Уланова перестала выступать на сцене, она стала балетным педагогом.
5) Булат Окуджава написал музыку к кинофильмам «Александр Невский» и «Иван Грозный».

6) Во время Великой Отечественной войны большой популярностью пользовались песни бардов.

7) Барды писали музыку и слова песен и сами исполняли их, обычно под гитару.

8) Владимир Высоцкий был композитором-авангардистом.

3. В какой области культуры работали мастера:

М. Плисецкая, И. Дунаевский, М. Кшесинская, М. Блантер, Д. Шостакович, Б. Гребенщиков, Н. Цискаридзе, С. Губайдулина, Г. Уланова, В. Высоцкий, С. Прокофьев, Б. Окуджава?

а) балет
б) классическая музыка
в) массовая музыкальная культура

Раздел 13

Театр и кино в XX веке

Предтекстовые задания

1. Найдите в словаре значение новых слов.

Режиссёр, постановка, зрелищный, пьеса, акробатический, трюк, грим, критик, актуальность, кризис, пафос, статус; тыл, оператор, успех, приз, плен, масштаб, биография, лауреат, трилогия.

2. Постарайтесь понять значение новых слов и выражений.

а) сторона → сторонник
   цирк → цирковой
   граница → ограничение

   показать → показ
   снимать → съёмка

б) опередить = быть впереди
   батальный = военный
   пользоваться популярностью = быть популярным
   немое кино = кино без звука
   снимать фильм = создавать фильм
   храбрость = смелость
   присвоить = дать
   частный = негосударственный

Театральное искусство

Русский театр занимает важное место в мировом театральном искусстве. В первой половине XX века славу русскому театру принесли режиссёры Константин Станиславский и Всеволод Мейерхольд. Каждый из них искал свой путь в театральном искусстве.

В 1898 г. К. Станиславский основал **Московский художественный театр** (сейчас МХТ им. А.П. Чехова). Режиссёр разработал новые принципы актёрского мастерства, которые до нашего времени используются во всех актёрских школах. Он учил актёров играть так, как будто они живут на сцене. Зрителю должно казаться, что он видит не спектакль, а реальную жизнь. Эти принципы получили название **«система Станиславского»**.

К. Станиславский утвердил на русской сцене принципы режиссёрского театра. В таком театре главным лицом является режиссёр, он отвечает за все элементы спектакля — от выбора актёров до декораций. Театр Станиславского прославился постановками пьес Антона Чехова — «Чайка», «Три сестры», «Вишнёвый сад». Большую известность театру принесли спектакли «На дне» М. Горького, «Месяц в деревне» И. Тургенева, «Горячее сердце» А. Островского и др. Во многих спектаклях Станиславский был не только режиссёром, но и актёром.

В. Мейерхольд после Октябрьской революции 1917 г. возглавил движение «Театральный Октябрь». Мейерхольд был активным сторонником революции — и в жизни, и на сцене. Он выступал за создание яркого, зрелищного, эмоционального театра. Традиционные для русского театра пьесы имели в его постановке необычный вид — «Лес» А. Островского, «Ревизор» Н. Гоголя. В театре Мейерхольда впервые вышли спектакли по пьесам Владимира Маяковского «Мистерия-Буфф» и «Клоп».

Постановки Мейерхольда были яркими, динамичными, гротескными. Режиссёр часто использовал цирковые приёмы — его артисты умели не только петь и танцевать, но и делать акробатические трюки. В отличие от Станиславского Мейерхольд не стремился добиться сходства с жизнью. Он использовал простой чёрный фон вместо декораций, геометрические фигуры вместо мебели, необычный актёрский грим. К сожалению, наступил момент, когда режиссёра перестали понимать критики. Они заявили, что спектакли Мейерхольда не нужны советскому зрителю, так как не отражают реальной жизни. Театральные эксперименты режиссёра не совпадали с принципами «социалистического реализма». На самом деле творческие поиски Мейерхольда на много лет опередили своё время и оказали огромное влияние на развитие мирового театра.

В 1920-х гг. в Москве открывались и другие театры, многие из которых существуют до сих пор и пользуются большой популярностью у зрителей, например Театр им. Евгения Вахтангова, Театр им. Моссовета. Тогда же появились первые театры, в которых ставились спектакли для детей.

Жизнь русского театра во второй половине XX в. была трудной, но интересной. Она складывалась в условиях жёсткой идеологической цензуры. Однако, как это часто бывает, ограничения и запреты делали творческие поиски ещё активнее, рождали новые талантливые идеи.

Особое значение не только для театральной, но и для всей культурной жизни страны имело открытие в 1956 г. театра **«Современник»**. Главным режиссёром нового театра стал Олег Ефремов. Первый спектакль, который он поставил, назывался «Вечно живые». Это спектакль о войне, но война в нём показана не так, как было принято в других театрах. В спектакле не было батальных сцен, выстрелов. Была история одной семьи, которая прошла через войну. Очень простая история, но она открыла новый театр, новый взгляд на жизнь. В последующие годы «Современник» продолжил эту творческую линию. Спектакли театра отличаются тонким психологизмом и художественной правдой. Огромной популярностью зрителей пользовались спектакли «Голый король» Е. Шварца, «Крутой маршрут» Е. Гинзбург. Сейчас театр возглавляет замечательный режиссёр Галина Волчек. Премьеры «Современника» становятся яркими событиями культурной жизни столицы. В театре работают талантливые артисты нового поколения (Елена Яковлева, Чулпан Хаматова, Сергей Гармаш и др.).

В. Высоцкий
в роли Гамлета

Другой творческий стиль был принят в **Театре на Таганке**. Этот театр создал в 1964 г. режиссёр Юрий Любимов. Первой постановкой стала пьеса «Добрый человек из Сезуана» Б. Брехта. В последующие годы были популярны спектакли «Десять дней, которые потрясли мир» Дж. Рида, «Галилей» Б. Брехта, «Гамлет» У. Шекспира. Любимов объединил традиции русских и зарубежных режиссёров. Его спектакли отражали самые острые проблемы современности. Современная актуальность сохранялась, даже когда на сцене ставили исторические пьесы, например «Бориса Годунова» А. Пушкина. Любимов умел соединять в постановке реализм и гротеск, повседневность и высокую эмоциональность. В театре работало множество замечательных актёров, среди них — В. Высоцкий. К сожалению, многие спектакли были запрещены цензурой. Любимов был вынужден уехать из страны, но в конце 1980-х гг. вернулся в Россию и сейчас снова работает в театре.

Одновременно с появлением в Москве «Современника» в Ленинграде в **Большой драматический театр** (БДТ) пришёл новый режиссёр — Георгий

Товстоногов. Товстоногов сумел дать новую жизнь театру, который в тот момент находился в кризисе. Режиссёр «открыл» новых актёров, которые скоро стали настоящими звёздами русской сцены, — Иннокентия Смоктуновского, Кирилла Лаврова, Сергея Юрского и многих других. Товстоногов сумел в своих спектаклях убрать лишний пафос, сделать театральный язык проще, естественнее и ближе простому зрителю. Режиссёр ставил много современных пьес, но, даже обращаясь к классическим текстам, он умел найти в них то, что интересно современному зрителю. Самыми известными спектаклями Г. Товстоногова стали «Варвары», «Мещане», «Дачники» по пьесам М. Горького.

Большую известность ленинградскому **Малому драматическому театру** принёс в 1985 г. спектакль «Братья и сёстры» режиссёра Льва Додина. В последующие годы многие спектакли театра получили российские и международные театральные премии. В 1998 г. Малый драматический театр получил статус Театра Европы, который присуждает Генеральная Ассамблея Союза европейских театров. Кроме Малого драматического театра такой статус имеют ещё только два театра: Пикколо-театр (Милан, Италия) и Одеон (Париж, Франция).

С конца 1980-х гг. театральная жизнь в России переживает новый подъём. Открываются новые театры («Сатирикон», «Школа современной пьесы», театр-студия «Табакерка»). Организуются международные фестивали, например Фестиваль театральных искусств им. А.П. Чехова. Присуждаются новые премии («Чайка», «Золотая Турандот»). Известные зарубежные режиссёры (Р. Стуруа, Э. Некрошюс, П. Устинов, П. Штайн) принимают участие в российских постановках.

Киноискусство

История русского и европейского кинематографа начинается в 1890-х гг. Уже в годы немого кино некоторые русские фильмы были известны в Европе.

Первым русским режиссёром, получившим мировую известность, стал Сергей Эйзенштейн. Его фильм «Броненосец Потёмкин», снятый в 1925 г.,

до сих пор считается лучшим фильмом в истории мирового киноискусства. Это фильм о восстании моряков 1905 г., которое было жестоко подавлено. С. Эйзенштейн впервые использовал многие кинематографические приёмы, например особое внимание к деталям. Детская коляска, которая катится по лестнице прямо в море, символизирует трагизм жертв революции. Эта сцена вошла во все учебники по режиссёрскому мас-

Афиша фильма

терству. Знаменитый американский режиссёр А. Хичкок говорил, что именно у Эйзенштейна он учился способности держать зрителя в постоянном напряжении.

В 1920—30-х гг. появилось звуковое кино. Самым популярным фильмом, снятым в эти годы, стал фильм «Чапаев», который режиссёры братья Васильевы сняли об известном герое Гражданской войны. Зрители также любили музыкальные комедии Григория Александрова, в которых снималась звезда советского кино Любовь Орлова («Весёлые ребята», «Цирк», «Волга-Волга»). Тогда же были сняты первые исторические фильмы: «Александр Невский» (реж. С. Эйзенштейн) и «Пётр I» (реж. В. Петров).

Особое значение получило кино в годы Великой Отечественной войны. Все киностудии, многие актёры и режиссёры были эвакуированы из Москвы и Ленинграда на восток страны. Там они продолжали работать. В основном в это время снимались документальные фильмы о боях Советской армии с фашистами и о людях, которые трудились в тылу.

Афиша фильма

В послевоенные годы были созданы лучшие фильмы о войне. Фильм режиссёра Михаила Калатозова «Летят журавли» в 1958 г. получил несколько наград Каннского кинофестиваля — за лучший фильм, лучшую женскую роль и лучшую работу оператора. Это был первый фильм, который рассказывал не о сражениях, а о судьбе девушки, которая потеряла на войне любимого человека. После Каннского фестиваля картину показали во многих странах мира, и везде она имела огромный успех.

Ещё один выдающийся фильм о жизни людей во время войны снял режиссёр Григорий Чухрай в 1959 г. Это фильм «Баллада о солдате». Главный герой фильма — простой русский солдат Алёша Скворцов. За боевую храбрость ему дают короткий отпуск, и он едет домой, чтобы увидеть мать. По дороге Алёша встречает разных людей и помогает каждому. А на свидание с матерью остаётся только несколько минут. Алёша успевает обнять её и снова уезжает на фронт, чтобы уже никогда не вернуться. Сцена короткого свидания матери и сына наполнена такой болью и страданием, что целые залы плакали на показе фильма. В 1960—1961 гг. фильм получил главные призы на кинофестивалях в Сан-Франциско, Каннах, Карловых Варах, Милане, Лондоне и др.

В 1960—70-х гг. международную известность получили российские режиссёры Сергей Бондарчук и Андрей Тарковский. Они были очень разными людьми, имели разные политические взгляды. Стилистика их фильмов также различается. Несмотря на это, оба они оказали большое влияние на развитие российского кинематографа.

С. Бондарчук снял в 1959 г. свой первый фильм «Судьба человека» по одноимённой повести Михаила Шолохова. Картина рассказывала о трудной судьбе человека, который потерял во время войны всю семью, прошёл через фашистский плен. Несмотря на пережитые страдания, он сумел сохранить доброту и веру в жизнь.

В 1966—1968 гг. на экраны вышел новый фильм Бондарчука «Война и мир» по роману Льва Толстого. Это была грандиозная по масштабу съёмок киноэпопея. Особенно талантливо были сняты батальные сцены. В сценах сражений принимали участие тысячи актёров. Бондарчук сумел соединить в своей картине величие исторических событий и тонкий лиризм в отношениях главных героев. Фильм показали в более чем 50 странах мира. Среди наград, которые он получил, была премия «Оскар» за 1968 год.

А. Тарковский стал известен благодаря фильмам «Иваново детство», «Андрей Рублёв», «Солярис», «Зеркало», «Сталкер». В фильме «Андрей Рублёв» (1971) Тарковский поднимает очень трудную для своего времени тему — о роли личности художника в истории. Режиссёр рисует картины древнерусской жизни: языческие праздники, жестокие казни, ордынские набеги. Русский иконописец Андрей Рублёв переживает все боли и радости родной земли. Через тяжёлые творческие поиски и сомнения он идёт к главному произведению своей жизни — иконе «Троица».

А. Тарковский

В 1975 г. Тарковский работает над фильмом «Зеркало», который отражает биографию самого режиссёра. Начиная с этого фильма меняется отношение официальной критики к Тарковскому. Ему становится всё труднее работать в стране. В 1982 г. режиссёр находился в Италии на съёмках «Ностальгии» и принял решение не возвращаться в Советский Союз. Свой последний фильм «Жертвоприношение» Тарковский снимал в Швеции.

Большой любовью зрителей всегда пользовались кинокомедии. Классикой этого жанра стали фильмы Леонида Гайдая («Бриллиантовая рука», «Кавказская пленница» и др.) и Эльдара Рязанова («Берегись автомобиля!», «Служебный роман», «Ирония судьбы, или С лёгким паром!» и др.). В этих фильмах звучит замечательная музыка и играют всенародно любимые актёры — Юрий Никулин, Георгий Вицин, Андрей Мягков, Юрий Яковлев. В 1980 г. американская киноакадемия вручила премию «Оскар» режиссёру

Владимиру Меньшову за фильм «Москва слезам не верит». Эта лирическая комедия о жизни и любви современной Золушки завоевала симпатии зрителей многих стран мира.

В 1999 г. премию «Оскар» получил ещё один известный российский режиссёр Никита Михалков за фильм «Утомлённые солнцем». В этой картине, как и во многих других, Н. Михалков является не только режиссёром, но и актёром.

С недавнего времени Н. Михалков возглавляет Московский международный кинофестиваль, который проводится в Москве с 1959 г. В 1972 г. Международная ассоциация кинопродюсеров присвоила ему класс А, наравне с фестивалями в Каннах, Берлине, Карловых Варах, Сан-Себастьяне и Венеции. Лауреатами Московского кинофестиваля в разные годы были известные режиссёры мирового кинематографа: Сергей Бондарчук (Россия), Федерико Феллини (Италия), Анджей Вайда (Польша), Акиро Куросава и Кането Синдо (Япония).

В 1990-х гг. количество снимавшихся в стране фильмов резко сократилось. В российских кинотеатрах можно было увидеть в основном американские фильмы. В последние годы ситуация изменилась. Сегодня на экраны выходит всё больше российских фильмов, снятых на традиционно высоком профессиональном уровне. Всемирную известность получил Александр Сокуров, создатель трилогии о политических деятелях XX века. В трилогию входят фильмы «Молох» (о Гитлере), «Телец» (о Ленине) и «Солнце» (о японском императоре Хирохито). В новом XXI веке мировой кинематограф узнал российских режиссёров Павла Лунгина (фильмы «Такси-блюз», «Свадьба», «Остров») и Андрея Звягинцева (фильмы «Возрождение», «Изгнание»). Отечественные режиссёры продолжают лучшие традиции советского кино и используют новейшие технические достижения (например, в фильмах «Ночной дозор» и «Дневной дозор» режиссёра Тимура Бекмамбетова).

Вопросы и задания к текстам

1. Ответьте на вопросы.

1) Что такое «система Станиславского»?

2) Чем постановки в театре В. Мейерхольда отличались от постановок в театре К. Станиславского?

3) О каких театрах Москвы и Санкт-Петербурга вы узнали из текста? В какой из них вы хотели бы пойти и почему?

4) Что вы можете рассказать о театральных традициях в вашей стране?

5) Какие фильмы о Великой Отечественной войне получили мировую известность? Как вы думаете, почему они были понятны людям в самых разных странах?

6) Каких советских режиссёров вы знали раньше? Расскажите о творчестве одного из них.

7) Какие советские или российские фильмы вы смотрели? Расскажите об одном из них.

8) Какие фильмы снимают у вас в стране? Расскажите о наиболее известных кинокартинах.

2. Проверьте, что вы узнали о русском театре и кино XX века. Соедините части предложений:

Режиссёр Всеволод Мейерхольд...

...стал первым русским режиссёром, получившим мировую известность.

Спектакли театра «Современник»...

...основал Московский художественный театр.

Режиссёр Константин Станиславский...

...получил премию «Оскар» за фильм «Утомлённые солнцем».

Фильмы «Иваново детство», «Андрей Рублёв», «Зеркало»...

...создал трилогию о политических деятелях XX века.

Сергей Эйзенштейн...

...был активным сторонником революции и в жизни, и на сцене.

Замечательный актёр Владимир Высоцкий...

...отличались тонкой психологией и художественной правдой.

Режиссёр Александр Сокуров...

...играл в Театре на Таганке.

Фильм «Летят журавли»...

...получил несколько наград Каннского кинофестиваля.

Режиссёр Никита Михалков...

...принесли известность режиссёру Андрею Тарковскому.

Раздел 14

Русские писатели XX века — лауреаты Нобелевской премии

Предтекстовые задания

1. Найдите в словаре значение новых слов.

Вручение, проза (прозаик), автобиографический, присудить, церемония, эпический, казак, публицист, ссылка, реабилитация, достоинство, уголов-ный, преступление, суд, проникнутый.

2. Постарайтесь понять значение новых слов и выражений.

а) село → сельский   хвалить → хвалебный

   петь → воспевать   казак → казачество

   не разорвать → неразрывный

б) общий + мировой → общемировой

   великий + душа → великодушие

   всё + обнять → всеобъемлющий

в) разворачиваться = развиваться

   фаза = период

   антисоветский = против советского

Тексты

Русские писатели XX века — лауреаты Нобелевской премии

Нобелевская премия по литературе — одна из самых престижных в этой области культуры. Вручение премии означает мировое признание таланта поэта или писателя. В XX в. пять русских писателей (Иван Бунин, Борис Пастернак, Михаил Шолохов, Александр Солженицын и Иосиф Бродский) получили Нобелевскую премию. Это говорит о высокой оценке их творчества и подтверждает высокий статус русской литературы в общемировом культурном процессе XX века.

И. Бунин

И. Бунин — поэт и прозаик, почётный член Санкт-Петербургской академии наук. Широкую известность Бунину принесла проза. В своих произведениях писатель рассказывал о русской деревне, о родной природе, о переменах, которые происходили в традиционной сельской жизни (повести «Антоновские яблоки», «Суходол», «Деревня»). Важное место в творчестве Бунина занимает тема нравственности (рассказ «Господин из Сан-Франциско»).

В 1920 г. Бунин покидает Россию. В эмиграции он создаёт удивительные по красоте и эмоциональной силе рассказы о любви («Митина любовь», «Тёмные аллеи» и др.). Главным произведением, созданным в эмиграции, стал автобиографический роман «Жизнь Арсеньева», в котором писатель размышляет о судьбе России и русском национальном характере.

В 1933 г. И. Бунину была присуждена Нобелевская премия «за правдивый артистический талант, с которым он продолжил классические традиции русской прозы». В своём выступлении на церемонии вручения премии Бунин говорил о проблемах свободы мысли и совести, любви к литературе, благородстве и великодушии творческой личности.

Б. Пастернак получил известность прежде всего как поэт. Лирический характер его творчества проявился уже в ранних произведениях.

Б. Пастернак

107

Поэт воспевает связь человека с окружающим миром — небом, облаками, деревьями (стихотворения «Девочка», «Дождь»). В отличие от Бунина Пастернак принял Октябрьскую революцию и остался в Советской России. После публикации в 1922 г. сборника стихотворений «Сестра моя — жизнь» Пастернак становится одним из самых популярных советских поэтов. Эта популярность укрепляется после появления историко-революционных поэм «Девятьсот пятый год» и «Лейтенант Шмидт». Однако вскоре хвалебные статьи сменяются резкой критикой. Причиной стало нежелание поэта писать только на революционные темы. Произведения Пастернака не печатали, и чтобы заработать на жизнь, он занимался переводами зарубежных авторов. Пастернак создал прекрасные поэтические переводы произведений У. Шекспира, И.-В. Гёте, П. Верлена и др.

После Великой Отечественной войны Б. Пастернак работает над романом «Доктор Живаго». Это история жизни врача и поэта, который становится свидетелем и участником исторических потрясений в России в первой четверти XX в. (Первая мировая война, Октябрьская революция, Гражданская война). Впервые книга была издана в Милане в 1957 г., а к концу 1958 г. она уже была переведена на 18 языков. В 1958 г. Пастернак получил Нобелевскую премию «за достижения как в современной лирической поэзии, так и в области великой русской эпической традиции». Власти СССР увидели в романе критику Октябрьской революции. Пастернака исключили из Союза писателей (это решение отменили только в 1987 г.). Пастернак был вынужден публично отказаться от премии, так как власти угрожали выслать его из страны. Только в 1988 г. роман «Доктор Живаго» был опубликован в России в журнале «Новый мир». Диплом Нобелевского лауреата был вручён сыну Б. Пастернака в 1990 г.

Первые книги М. Шолохова («Донские рассказы», «Лазоревая степь») вышли в 1926 г. В 1928—1940 гг. Шолохов работал над романом «Тихий Дон», который принёс писателю мировую славу. В романе рассказывается о событиях Гражданской войны на Дону, где традиционно проживают казаки. Октябрьская революция разделила казачество, как и всю страну, на два враждующих лагеря. Соседи и родственники оказались в разных армиях — одни воевали на стороне Красной армии, другие — на стороне Белой гвардии. У каждого своя правда, свои интересы. На этом историческом фоне разворачивается любовная история главных героев Григория Мелехова и Аксиньи. Роман приобрёл большую популярность в России и за рубежом. Он был издан в 45 странах мира. В 1965 г. М. Шолохов получил Нобелевскую премию «за худо-

М. Шолохов

А. Солженицын

жественную силу и полноту, с которой он в своём эпическом произведении о Доне отобразил историческую фазу в жизни русского народа».

Прозаик и публицист А. Солженицын родился в 1918 г. В конце Великой Отечественной войны он был арестован за «антисоветскую деятельность» и восемь лет провёл в лагерях, а затем в ссылке в Средней Азии. Там он начал писать свои первые произведения. После реабилитации в 1956 г. Солженицын жил в Рязани и работал в школе учителем математики. В 1962 г. в журнале «Новый мир» вышла его повесть «Один день Ивана Денисовича», которая стала громким событием не только литературной, но и общественной жизни. В этом произведении рассказывалось о жизни в лагере, о том, как сохранить человеческое достоинство в нечеловеческих условиях.

В конце 1960-х гг. романы Солженицына «В круге первом» и «Раковый корпус» вышли на Западе и принесли писателю мировую известность. В 1970 г. Солженицын получил Нобелевскую премию. Затем также на Западе вышли другие произведения писателя, например «Архипелаг Гулаг». В этой книге Солженицын рассказал об ужасах сталинских репрессий. После её публикации в 1974 г. писатель был выслан из СССР, жил в Германии, а затем в США. Только в 1990-х гг. в России были изданы его произведения, запрещённые раньше. В 1994 г. Солженицын вернулся на родину и продолжал заниматься литературной и общественной деятельностью.

Поэт И. Бродский также прожил непростую жизнь. Он начал писать стихи с 1957 г., занимался переводами с английского, испанского, польского и сербохорватского языков. В СССР его не считали профессиональным поэтом и обвиняли в том, что он нигде не работает. В те годы это было уголовным преступлением. После суда и ссылки Бродский в 1972 г. уехал из страны.

В стихах Бродского отражается духовный мир современного человека. В его поэзии много философских размышлений, часто используются библейские сюжеты. Так поэт ищет ответ на вечные жизненные вопросы. При этом Бродский остаётся верным классическому стиху. Его работы восхищают точным, насыщенным языком. Наиболее известны сборники стихов «Часть речи», «Конец прекрасной эпохи», «Римские элегии», «Урания» и др. В 1987 г.

И. Бродский

Бродскому была вручена Нобелевская премия за его «всеобъемлющее творчество, проникнутое ясностью мысли и поэтическим накалом».

Вопросы и задания к текстам

1. Ответьте на вопросы.

1) Какие русские писатели и поэты XX века получили Нобелевскую премию?
2) Кто из писателей-лауреатов был вынужден покинуть страну и почему?
3) О каких произведениях, поднимающих тему Гражданской войны, вы узнали из текстов?
4) Какие из произведений, перечисленных в тексте, вы читали? Какие хотели бы прочесть?
5) Какие деятели культуры или науки вашей страны стали лауреатами Нобелевской премии? Что вы знаете об их жизни и деятельности?

2. Правильны или нет следующие высказывания?

1) Широкую известность И. Бунину принесли произведения, в которых рассказывается о сталинских репрессиях.
2) Б. Пастернак создал прекрасные поэтические переводы У. Шекспира, И.-В. Гёте, П. Верлена и др.
3) Б. Пастернак лично присутствовал на вручении Нобелевской премии.
4) М. Шолохов написал роман «Тихий Дон», находясь в эмиграции.
5) Роман М. Шолохова «Тихий Дон» рассказывает о судьбе донского казачества во время Гражданской войны.
6) А. Солженицын был репрессирован и отправлен в ссылку за то, что нигде не работал.
7) Основные произведения А. Солженицына были напечатаны в России только в 1990-х гг.
8) Широкую известность И. Бродскому принесла проза.

Заключение

Дорогие друзья! Вы изучили краткий курс «Из истории русской культуры». Надеемся, что он помог вам лучше понять культуру и историю России. Если эта книга сделала нашу страну и людей, которые в ней живут, ближе и понятнее вам — значит, авторы выполнили свою задачу.

Хорошо, если этот курс станет ступенью в вашем знакомстве с русской культурой и в дальнейшем вы захотите больше узнать о ней. Побывайте в Третьяковской галерее и Русском музее, посмотрите альбомы по иконописи, творчеству передвижников или русскому авангарду. Погуляйте по Москве, Санкт-Петербургу и городам «Золотого кольца России». Вы сможете своими глазами увидеть то, о чём прочитали в этой книге.

А может быть, вы захотите послушать музыку П. Чайковского или Д. Шостаковича, посмотреть русский балет или театральные постановки? Это можно сделать и в России, и в вашей стране, если там будут проходить гастроли российских артистов. Если у вас не будет такой возможности, вы можете посмотреть записи фильмов или спектаклей на видео или DVD.

А ещё есть замечательная русская литература. Прочитать русский роман или рассказ на языке автора нелегко, но возможно, если любить и серьёзно изучать русский язык. Попробуйте!

Желаем вам успехов в изучении русского языка и удовольствия от новых встреч с прекрасной русской культурой!

Учебное издание

Кузнецов Александр Леонидович
Кожевникова Мария Николаевна
Дмитрова Ирина Ивановна
Перелюбская Олеся Сергеевна

Из истории русской культуры

Редактор *М.В. Питерская*
Корректор *В.К. Ячковская*
Компьютерная вёрстка и оригинал-макет *Е.П. Бреславской*

Подписано в печать 10.08.2009 г. Формат 70×100/16
Объем 7 п.л. Тираж 1500 экз. Зак. 1545

Издательство ЗАО «Русский язык» Курсы
125047, Москва, 1-я Тверская-Ямская ул., д. 18
Тел./факс: (495) 251-08-45, тел.: (495) 250-48-68
e-mail: kursy@online.ru; ruskursy@gmail.com; rkursy@gmail.com
www.rus-lang.ru

Отпечатано в ОАО «Щербинская типография»
117623, Москва, ул. Типографская, 10.
Тел. 659-23-27